DANKE MUTTER TERESA

KARL-HEINZ MELTERS
TONI GÖRTZ
INGELORE HAEPP

DANKE MUTTER TERESA

PATTLOCH · MISSIO

VORWORT

Was Mutter Teresa 1946 anzettelte, war eine kleine Revolution in der Kirche: Sie, die Lehrerin für „Höhere Töchter", entschied sich, aus ihrem Orden auszutreten und eine neue Gemeinschaft ins Leben zu rufen. Um den Ärmsten der Armen zu dienen. Um Sterbende aus den Gossen Kalkuttas zu ziehen. Aus der kleinen Revolution von damals ist inzwischen ein spektakuläres Mammut-Unternehmen geworden, mit 539 „Filialen" in 107 Ländern. Mehrere hunderttausend Arme werden von den rund 4.600 Schwestern weltweit versorgt. Allein in Indien beispielsweise beherbergen die „Missionaries of Charity" – wie die Teresa-Schwestern sich nennen – mehr als 40.000 Lepröse. Das Lebenswerk von Mutter Teresa wächst so schnell und spektakulär wie wohl kein Industrieunternehmen. Und nie fehlt es an Geld, obwohl die Ordensgründerin jede Spendenwerbung ablehnt. Noch mehr als Wachstumsraten aber faszinieren die Persönlichkeit von Mutter Teresa und die Ausstrahlung ihrer Schwestern: Immer fröhlich, versorgen sie ein Leben lang Sterbende und AIDS-Kinder. Sie lieben – in jeder Handbewegung sichtbar – „ihre" Kranken, und die Bemerkung „Das ist harte Arbeit" quittieren sie mit einem unverständig fragenden Blick. Was macht diese Frauen, die sich einer ungeheuer strengen Ordensregel unterziehen, so offensichtlich glücklich? Woher nehmen sie ihre Kraft und ihr Gottvertrauen? Warum sind gerade die Teresa-Schwestern für Christen und Nicht-Christen faszinierende Vorbilder? Diesen Fragen sind wir in den vergangenen Jahren immer wieder nachgegangen. Unsere Antworten haben wir in diesem Buch zusammengefaßt. Nicht als „trockene" Reflexionen, sondern – neben einer Einführung in die Biographie Mutter Teresas – in Form von hautnahen Reportagen. Mit Fotos und mit Texten versuchen wir unsere Leserinnen und Leser mitzunehmen zu den Ordensfrauen, deren Vorbild unser Leben bereichert hat.

„Nicht für tausend Dollar würde ich einen Leprösen berühren. Aber für die Liebe Gottes versuche ich freiwillig, ihn zu heilen."
Mutter Teresa

DEN ARMEN SCHENKEN, WAS DIE REICHEN FÜR GELD ERWERBEN

Ein Leben voller Dramatik:
Geboren wurde Mutter Teresa 1910 in Skopje. Mit 18 verließ sie Heimat und Familie, um nach Indien zu gehen. Doch auch ihre Arbeit als Nonne und Lehrerin für „Höhere Töchter" war nur eine Zwischenstation. 1946 zettelte sie eine innerkirchliche „Revolution" an: Sie entschloß sich, ihren Orden zu verlassen und die Kongregation der „Missionaries of Charity" zu gründen.

Vorherige Seiten: **Die Spuren eines langen und erfüllten Lebens: Sie sind Mutter Teresa tief ins Gesicht geschrieben.**

Mit 17 war sie ein hübscher Teenager. ***(oben)*** **Lebensfreude spricht aus dem Bild im Freundeskreis.** ***(rechts)*** **Ganxhe sitzt neben ihrer älteren Schwester in der zweiten Reihe.**

Spätsommer in Skopje

Für Drana und Kolë Bojaxhiu ist der 27. August ein glücklicher Tag. Ihr drittes Kind wird geboren: Agnes Ganxhe. Anno 1910 ist die alte byzantinische Stadt Skopje seit Jahrhunderten in türkischer Hand. Agnes Familie gehört hier zu einer Minderheit. Sie stammt aus Serbien. Sie ist wohlhabend – und seit Generationen katholisch.

Kolë, der geschickte Kaufmann, kommt europaweit ins Geschäft. Erst mit Medikamenten, später mit Lebensmitteln und Kleidung, er mischt im Baugeschäft mit. Der Vater ist viel unterwegs, und seine Heimkehr wird jedesmal zu einem Fest. Dann stirbt Kolë plötzlich, gerade 41 Jahre alt.

Drana ist eine tapfere Frau

In der 14jährigen Aga hat sie schon eine kleine Stütze, aber Lazar ist erst elf und Agnes gerade neun beim Tod des Vaters. Vor allem den Kleinen fehlen seine abenteuerlichen Geschichten aus fremden Ländern, und auch die Geschenke bleiben nun aus.

Drana verdient ihr Brot mit Näharbeiten. Sie hat alle Hände voll zu tun, die Familie zu erhalten, aber immer noch Kraft genug, für andere da zu sein. So bleiben Drana und die Kinder stadtbekannt für ihre Güte und Barmherzigkeit mit den Armen. Die Kleinen begleiten ihre fürsorgliche Mutter, um Alte und Kranke zu pflegen, ihre Behausungen zu putzen oder Waisenkinder mit einer Mahlzeit zu versorgen. Sie wissen, was Not ist und teilen die Not anderer. Für Agnes Ganxhe ist es selbstverständlich, dafür kein Lob und keine Anerkennung zu erwarten. Schon vor dem Tod des Vaters schöpfte die Familie Kraft und Liebe aus dem täglichen gemeinsamen Gebet, nun wird der Glaube ihr Angelpunkt im Alltag.

Agnes Ganxhe ist für andere da

Dabei traut man dem zarten Kind die Kraft dafür gar nicht zu. Doch sie ist unerwartet energisch, mit viel Sinn für das Praktische. Ihre musischen Talente fallen auf, denn sie ist mit einem schönen Sopran begabt, und als Klassenbeste – aber auch wegen ihrer guten Ideen – immer ganz vorne dabei.

Neugierig auf alles Unbekannte, gehört Lesen zu ihren Leidenschaften. Schon früh weiß das weltoffene Mädchen, daß es Lehrerin werden möchte. Aber da ist auch schon die Ahnung, daß sein Leben den Armen gehört. Doch das sind die Gedanken einer Zwölfjährigen. Weil Agnes kränkelt, wird sie von klein an zur Erholung nach Letnice in den Montenegro geschickt. Der Ort ist bekannt für seine heißen Quellen und sein Marienheiligtum. Hier findet Agnes ihre tiefe Beziehung zur Muttergottes. Sechs Jahre braucht das Mädchen noch, um im Gebet Klarheit über seinen Lebensweg zu finden.

Agnes wird neben der Kirche groß

Jesuiten aus Venedig leiten die Gemeinde, in der das Mädchen zur Ehre Gottes singt. Aber, sie will mehr tun als das. Agnes ist eine der ersten, die in der „Genossenschaft der Schwestern Mariens" aktiv wird. Sie verschlingt die Berichte von Jesuiten-Missionaren, mit denen ihr Pfarrer in Verbindung steht.

So lernt Agnes deren Arbeit in Bengalen, in Kalkutta kennen. Bald kennt sie alle Namen, alle Orte, alle Einzelheiten, alle Schwierigkeiten dieser Arbeit. Indien geht ihr nicht mehr aus dem Kopf. An Himmelfahrt 1928 unternimmt sie ihre letzte Wallfahrt zur Muttergottes von Letnice. Die Jesuiten in Skopje haben einen guten Draht zu den Loreto-Schwestern. Dieser irische Zweig der Englischen Fräulein lebt nach den Ordensregeln der Jesuiten – und arbeitet in Bengalen. Für Agnes weist sich der Weg nach Indien.

Endlich fällt die Entscheidung

„Als ich 18 war, war ich mir sicher, und ich entschied mich, mein Zuhause zu verlassen und Nonne zu werden. Und seitdem? In all diesen Jahren habe ich nicht einmal eine Sekunde daran gezweifelt, das Richtige getan zu haben. Es war Gottes Wille. Es war seine Wahl."

Am 29. November 1928 tritt Agnes in den Loreto-Orden ein. Im irischen Rathfarnham, wo sie Englisch lernen soll, wird aus Agnes Ganxhe Bojaxhiu die Ordensschwester Maria Teresa vom Kinde Jesu.

Schon Anfang Januar landet sie in Indien, wo sie der „schönste Tag" ihres Lebens erwartet: Der Beginn des Noviziats und ihre Ersten Gelübde am 23. Mai 1929. In Darjeeling, im Schatten des mächtigen Himalaya, wird sie vorbereitet auf ihr neues Leben als Ordensfrau und Lehrerin für Höhe-

re Töchter. Hin und wieder kommt sie aus der vornehmen Umgebung und Obhut heraus, um in einer Krankenstation zu helfen.

Doch ihr Herz gehört der Stadt am Ganges

1935 wird Schwester Maria Teresa von Darjeeling nach Kalkutta versetzt. Kalkutta, das sie seit Kindertagen kennt. An der Schule St. Mary in Entally unterrichtet sie Geografie und Geschichte. Wieder verbringt sie ihr Leben hinter der weißen Fassade eines prächtigen Kolonialgebäudes. Doch der Blick aus ihrem Zimmerfenster läßt jenseits der schützenden Gartenmauern eine andere Welt schemenhaft aufscheinen. Dort liegt Motijhil, eines der Elendsviertel von Kalkutta.

Irgendwann erhält sie den Auftrag, nebenbei ein paar Stunden an der St. Teresa Schule, die in einem anderen Stadtviertel liegt, zu unterrichten. Nun muß sie die Klostermauern verlassen, und die Not dieser Stadt begegnet ihr auf Schritt und Tritt. Maria Teresa sieht es mit eigenen Augen: Elend ohne Ende. Ihre neuen Schülerinnen schließen sie schnell ins Herz. „Ma" wird sie von ihnen genannt, Mataji: Mutter. Und die junge Ordensfrau ist glücklich dabei, denn sie „liebt es über alles, zu unterrichten".

Ende Mai 1937 legt Maria Teresa vom Kinde Jesu ihre Ewigen Gelübde ab und wird Direktorin der vornehmen Schule St. Mary. Fast 20 Jahre wird sie ihr Leben im Loreto-Kloster von Entally verbringen. Indien wird ihre Heimat, Kalkutta ihr Zuhause, und 1942 nimmt sie die indische Staatsbürgerschaft an.

Dann kommt der Zug nach Darjeeling

Im September 1946 ist Schwester Maria Teresa unterwegs zu ihren Exerzitien, mildes Klima für den Körper, Schweigen für die Seele. Während der Zugfahrt packt es sie. Ohne Vorwarnung. Wie aus heiterem Himmel sieht sie ihren Weg plötzlich vor sich. „Es war der Ruf in der Berufung. Es war der Ruf, auch Loreto, wo ich sehr glücklich war, aufzugeben und auf die Straßen zu gehen, um den Ärmsten der Armen zu dienen." Seitdem wird der 10. September als „Tag der göttlichen Berufung" gefeiert.

Doch die Ordensfrau kann diesem göttlichen Ruf nicht einfach folgen. Sie braucht die Genehmigung der Generaloberin in Irland, die Befürwortung des Erzbischofs von Kalkutta, die Erlaubnis des Papstes. Nach fast zwei Jahren trifft diese ein. Am 12. April 1948 gibt ihr Pius XII. eine positive Antwort. Schwester Maria Teresa untersteht nun direkt dem Erzbischof von Kalkutta. Mitte August ist es dann soweit. Sie legt das Ordenskleid der Loreto-Schwestern ab und tauscht es gegen einen weißen Sari mit drei blauen Streifen am Saum. Er ist überall für ein paar Pfennige zu haben. Die freie Ordensfrau zieht durch die Gossen von Motijhil, was soviel heißt wie „Perlsee". Sie hat ihre schönste Perle verloren: „Ich mußte den wundervollen Garten und den Frieden von Loreto aufgeben,... das war das Opfer."

Guter Wille allein reicht nicht

Auch nicht ihr Talent als Lehrerin und schon gar nicht die fünf Rupien, die sie als Startkapital in der Tasche hat. Das merkt Maria Teresa schnell. Sie reist für einige Wochen nach Patna, um sich bei den Missionsärztlichen Schwestern in die Krankenpflege einweihen zu lassen. Hier lernt sie die Ordensgründerin, Mutter Anna Dengel, kennen, die jahrelang um die Anerkennung ihrer Gemeinschaft kämpfen mußte.

Die Tirolerin war 1920 nach Indien gekommen, um den Frauen eine medizinische Betreuung zu geben, da sie von keinem männli-

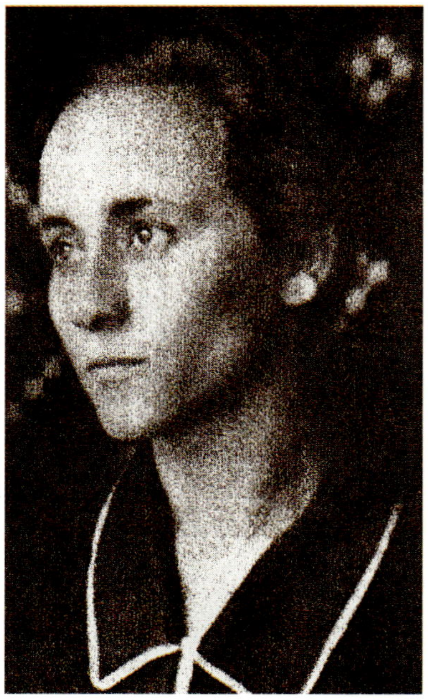

1928 entscheidet sich die junge Frau *(oben)* für das Ordenskleid. Als Loreto-Schwester unterrichtet Maria Teresa Töchter aus gutem Hause. (rechts)

chen Arzt behandelt werden durften. Die Ärztin kämpfte unermüdlich gegen kirchliche Schranken, die einer Ordensfrau dies seit Jahrhunderten untersagte, und erhielt 1925 die Erlaubnis, eine „fromme Vereinigung" zu gründen. Erst elf Jahre später erhielten die „Missionsärztlichen Schwestern" auch römische Anerkennung. Anna Dengels Orden gründete Schulen und Hospitäler in Asien und Afrika, wo Frauen oft zum ersten Mal umfassende medizinische Hilfe erfuhren.

Ende der siebziger Jahre liegt Mutter Anna Dengel im Sterben. Da erscheint eine kleine Frau im weiß-blauen Sari an ihrem Krankenbett und legt die gelähmten Hände der Kranken auf ihre eigene Stirn, um sich von der Missionsärztin noch einmal segnen zu lassen. Es ist Mutter Teresa, die von der Sterbenden 1948 das Handwerkszeug lernte, das sie für die nächsten 45 Jahre braucht.

Kurz vor Weihnachten 1948 kehrt Maria Teresa von den Missionsärztlichen Schwestern aus Patna zurück und macht sich auf die Suche nach einer Bleibe für die Verlorenen der Straße. „Ich lief und lief, bis ich nicht mehr konnte. Dann erkannte ich, welche Erschöpfung die wirklich Armen erreicht haben müssen, immer auf der Suche nach etwas Eßbarem, nach Medizin, nach allem. Damals empfand ich den materiellen Komfort von Loreto als Versuchung."

Sie eröffnet ihre erste Schule in einem Elendsviertel. Das Lebenswerk der Mutter Teresa von Kalkutta, das viele bewundern werden, beginnt.

Fünf Schüler am ersten Tag

So fängt die Arbeit in der kleinen Hütte an, die Mutter Teresa für ihr bißchen Geld haben kann. Sie bringt den Kindern das Alphabet bei und zeigt ihnen, wie sie sich waschen müssen. Schon in den ersten Tagen kommen zwei ihrer ehemaligen Schülerinnen, um mitzuhelfen. Und die Schule wächst. Einige indische Kolleginnen, die sie aus früheren Zeiten kennt, machen mit. Mutter Teresa zieht durch die Hütten, besucht die Familien, putzt schmutzige Behausungen, betreut die Kranken. „Ich wollte den Armen schenken, was die Reichen für Geld bekommen. Meine Armen brauchen die Liebe des Herzens und den Dienst der Hände."

Teresas Beispiel ist anziehend

Am 19. März 1949 steht die erste Postulantin vor der Tür: Schwester Agnes. Im Mai sind es schon drei, im November fünf. Alles ehemalige Schülerinnen aus Teresas Loreto-Zeit. Alle sind „höhere Töchter". „Wenn ein junges Mädchen der Höheren Kasten zu uns kommt, um den Ausgestoßenen zu dienen, dann ist das eine Revolution. Die größte, die schwierigste. Die Revolution der Liebe."

Teresa, die bisher nur ihrer persönlichen Berufung gefolgt ist, erhält so eine neue Verantwortung. Bald braucht die kleine Gemeinschaft, die schon in fünf verschiedenen Slums arbeitet, ein Dach über dem Kopf. Ein wohlhabender Inder räumt für sie das Obergeschoß seines Hauses in der Creek-Street-No. 14. Doch der kleinen Familie fehlen ein Name und ein paar Regeln, nach denen sie ihr Leben für die Armen führen wollen. Nur eines haben sie im Sinn: „Den Durst Jesu Christi am Kreuz nach der Liebe der Menschen zu stillen und die Gelübde der Armut, der Keuschheit und des Gehorsams zu beachten." Den üblichen Gelübden wird noch ein viertes hinzugefügt: der kostenlose und ungeteilte Dienst an den Ärmsten der Armen.

Als der Erzbischof von Kalkutta die Konstitution der neuen Gesellschaft nach Rom schickt, warten sieben „Schwestern" auf eine Antwort. Am 7. Oktober 1950 werden die „Missionaries of Charity", die Missionarinnen der Nächstenliebe, mit päpstlichem Segen offiziell gegründet. Nun sind sie schon zwölf.

Ein hartes Leben wartet auf sie

Fast 18 Stunden Einsatz pro Tag, der um 4.30 Uhr beginnt. Gebet und Gottesdienst haben darin ihren festen Platz. Woher sonst sollte auch die Kraft kommen durchzuhalten. Denn die jungen Frauen umgibt ein Meer aus Armut und Elend. Sie sind „wie ein Tropfen im Ozean. Aber ohne diesen Tropfen wäre der Ozean ein bißchen kleiner."

Ihre Hingabe zieht Kreise. Immer mehr Mädchen wollen so leben wie Mutter Teresa. Doch um sie alle zu beherbergen und anzulernen, fehlt der Platz. Mutter Teresa braucht ein neues Heim, – und wie alles, was sie jemals brauchen wird, erhält sie es als Geschenk des Himmels. Genau zur rechten Zeit. 1952 bietet sich die günstige Gelegenheit, ein Haus in der Lower Circular Road zu kaufen. Die Nummer 54 A wird

das Mutterhaus der Missionarinnen der Nächstenliebe. Die Schwestern weihen es „Unserer Lieben Frau von Fatima".

Sechs Monate Test müssen sein

Härtetest. Wer den Armen dienen will, sollte wissen, wie schmutzig diese Liebe sein kann. Sechs Monate dauert das anschließende Postulat, dann folgen zwei Jahre mit einer vertieften geistlichen Ausbildung, das Noviziat. 1953 legen zehn Novizinnen ihre Gelübde ab. Die ersten Missionarinnen der Nächstenliebe ziehen durch das Elend Kalkuttas. Ihr Erkennungszeichen: ein weißblauer Sari. Und das Kreuz auf der linken Schulter. Zu ihren täglichen Gebeten zählen die Worte des Franz von Assisi:

Mach uns würdig, Herr, unseren Mitmenschen in der ganzen Welt zu dienen, die in Armut und Hunger leben und sterben.

Gib ihnen durch unsere Hände heute ihr tägliches Brot, durch unsere verstehende Liebe Frieden und Freude.

Herr, mach mich zu einem Boten deines Friedens,
daß ich dort, wo Haß ist, Liebe bringe;
wo Unrecht herrscht, den Geist des Verzeihens;
wo Uneinigkeit ist, Einigkeit;
wo Irrtum herrscht, Wahrheit;
wo Zweifel ist, Vertrauen;
wo Verzweiflung ist, Hoffnung;
wo Schatten sind, Licht;
wo Traurigkeit ist, Freude.
Herr, gewähre, daß ich suche,
eher zu trösten, als getröstet zu werden;
zu verstehen, als verstanden zu werden;

zu lieben, als geliebt zu werden;
denn durch Selbstvergessen findet man;
durch Verzeihen erlangt man Verzeihung;
durch Sterben erwacht man zum ewigen Leben.
Amen.

Ort des reinen Herzens

So heißt ihr Sterbehaus. „Die erste Sterbende, die ich sah, habe ich selbst von der Straße aufgelesen. Ihr Körper war halb zerfressen von Ratten und Ameisen. Ich brachte sie ins Hospital, aber dort konnte man nichts mehr für sie tun. Sie haben die Arme nur aufgenommen, weil ich solange nicht von ihrer Seite wich. Von dort bin ich gleich zur Stadtverwaltung. Ich brauchte einen Raum, wohin ich die Sterbenden von der Straße bringen konnte."

Mutter Teresa bekommt ein leeres Gebäude des Tempels von Kalighat, der der Göttin Kali geweiht ist. Es ist das Jahr 1952. Drei Jahre später öffnet das erste Kinderheim seine Türen: Nirmala Shishu Bhavan. Hier finden Kinder ein warmes Nest, die die Schwestern aus Rinnsteinen und Mülltonnen fischen. Und alle, die niemand haben will. Im Ozean des Elends gibt es viele, so viele, die Liebe brauchen.

Fünf Leprakranke klopfen eines Tages an die Tür des Schwesternhauses. Wegen ihrer Krankheit verloren sie ihren Job, ihr Zuhause, ihre Freunde und Familien. Nun können sie nur noch auf die Straße und betteln. Seit 1957 widmen sich die Schwestern den Aussätzigen, den Unreinen, um die alle einen Bogen machen. „Nein, nicht für tausend Dollar würde ich einen Leprösen berühren", sagt auch Mutter Teresa. „Aber für die Liebe Gottes versuche ich freiwillig, ihn zu heilen."

Mutter Teresa träumt

Am Anfang ihrer Arbeit überfällt sie plötzlich hohes Fieber. Im Delirium trifft sie den heiligen Petrus. Er will sie nicht in den Himmel lassen, weil es dort keine Slums für sie gibt. Teresa ist ärgerlich und droht ihm, den Himmel mit Slumbewohnern zu überschwemmen. Denn dann muß Petrus sie auch in den Himmel lassen. Seitdem habe Petrus alle Hände voll zu tun, sagt Mutter Teresa. Denn „unsere Freunde haben durch ihre Leiden längst einen Platz im Himmel reserviert". Sie ist ihrem Traum nahegekommen.

Irgendwann lesen die Schwestern einen Mann in der Gosse auf, der schon halb von Würmern zerfressen ist. Sie brauchen drei Stunden, um seine Wunden zu reinigen und ihn zu versorgen. Für ihn ist in den letzten Stunden seines Lebens ein Wunder geschehen: „Wie ein Tier habe ich auf der Straße gelebt, aber nun werde ich wie ein Engel sterben, geliebt und umsorgt."

Sie sind immer zu zweit

Den Rosenkranz griffbereit, machen sich die Schwestern auf die Suche nach dem Nächsten. Ihre wenigen persönlichen Habseligkeiten haben problemlos Platz in dem blankgescheuerten numerierten Blecheimer, in dem sie ihren zweiten Sari waschen. Einsatzbereitschaft gehört zu ihrem Leben. Sie gehen dorthin, wo sie gerade gebraucht werden. Die Lehrerin Maria Teresa hat als Mutter Teresa aus der Geografie der Kontinente eine Geografie des Mitleids gemacht. Dafür wird sie ausgezeichnet.

Im April 1962 überreicht ihr der indische Ministerpräsident Jawaharlal Nehru den Padma-Preis, die wichtigste Ehrung Indiens. Er, der der höchsten indischen Kaste angehört, hat dabei Tränen in den Augen. Würdigungen in der ganzen Welt folgen. Eine davon ist der Friedensnobelpreis 1979. Zu der Zeit arbeiten bereits über 2.000 Missionarinnen der Nächstenliebe in 67 Ländern.

Der Papst ist ihr Konkurrent

Zusammen mit Jimmy Carter ist auch Johannes Paul II. 1979 für die nobelste Auszeichnung der Welt nominiert. In 69 Jahren wurde

erst sechs Frauen diese Ehrung zuerkannt.

Dann sind am 10. Dezember Präsidenten und Prinzen, Minister und Industriebosse, Schaulustige und Neugierige angetreten. Fahnen werden gehißt, Nationalhymnen intoniert, in der Aula der Universität von Oslo herrscht eine erwartungsvolle Spannung. Plötzlich verstummt die Festversammlung.

Für Augenblicke liegt eine feierliche Stille über der Menge, dann beginnen Hände zu klatschen, Rufe werden laut, die Großen der Welt erheben sich. Eine kleine gebeugte Frau betritt den Saal. Sie erinnert für einige Augenblicke die ganze Welt daran, daß letztlich andere Werte als Geld und Einfluß, Titel und Orden über die wahre Prominenz entscheiden.

„Das, was ihre Arbeit kennzeichnet, ist der Respekt vor dem Wert und vor der Würde des einzelnen Menschen", heißt es in der Begründung des Nobelpreis-Komitees.

Facettenreiches, armes Leben

Dazu gehören auch Anfeindungen. Alle paar Jahre wirft jemand Mutter Teresa vor, sie kümmere sich nur um die Armen, um sie zu taufen. Doch bis heute wird niemand, den sie von der Straße holt, nach seiner Religion gefragt. Dann wieder heißt es, sie nehme sich nur der Kinder an, um sie in ihren Orden zu ziehen. Tatsächlich folgen etliche Schützlinge ihrem Vorbild freiwillig in ein Leben für die Armen. Andere wiederum finden sie nicht radikal genug, weil sie nicht für politische Veränderungen kämpfe. Aber Mutter Teresa bleibt bei ihrem Grundsatz, sich um den einzelnen Menschen zu kümmern. „Jeder Mensch ist Christus für mich. Und so wie es nur einen Jesus gibt, ist jeder, um den ich mich kümmere, in diesem Moment der einzige Mensch auf der Welt für mich."

Das Leben der Mutter Teresa setzt sich fort in denen, die ihr folgen, und zieht immer größere Kreise.

1963 schließen sich die ersten Brüder an. Nach zahlreichen Niederlassungen in ganz Indien beginnen die Missionarinnen ihr Netz der Nächstenliebe um die Welt zu spannen: 1965 gehen sie nach Venezuela, 1967 nach Ceylon, dann folgen Rom und Tansania, Australien und Jordanien, England, Irland, der Gazastreifen, Äthiopien, Peru, Jemen, Jugoslawien, Papua-Neuguinea, Mexiko, Guatemala, die UDSSR...

1995 arbeiten rund 4.600 Schwestern in 107 Ländern. Sie alle leben nach der Maxime ihrer Ordensgründerin, die im Treppenhaus der Lower Circular Road 54 A mahnt:

„Seid freundlich. Besser, unseren Schwestern geschehen bei der Arbeit Fehler aus Güte als Wunder durch Strenge."

Streng wird „die Mutter" vielleicht dann, wenn sie persönlich zu sehr im Scheinwerferlicht steht. „Machen Sie Fotos von denen da!", ruft Mutter Teresa einmal einem Journalisten zu und zeigt auf ihre Schwestern. „Fotografiert sie. Das bin ich."

Reisen und Kontakte knüpfen: Schon 1960 war Mutter Teresa zu Gast beim „Päpstlichen Werk der Glaubensverbreitung" – dem heutigen „missio" – in Aachen *(Fotos links)*.

Unten:
Mutter Teresa im Kreis von Mitschwestern auf dem Flughafen in Kalkutta.

DAS RECHT
DES SCHWÄCHEREN

„Wir sind wie ein Tropfen im Ozean. Aber ohne diesen Tropfen wäre der Ozean ein bißchen kleiner ."
Mutter Teresa

Anfang ohne Schlagzeilen: An Nobelpreis-Ehren und an Berichte in der Weltpresse hat Mutter Teresa nicht im Traum gedacht, als sie ihr Werk der Nächstenliebe begann. Aus bescheidenen Anfängen in Indien wuchs bald ein weltweites „Unternehmen Nothilfe".

Vorherige Seiten: **Neugründungen in Indien: Die ersten Klöster ihres Ordens hat Mutter Teresa in Indien eröffnet. Die Gesundheitsversorgung der Ärmsten gehört von Anfang an zu ihrem Programm, das sie auch bald in Afrika und Amerika verwirklicht.**

Zu Seite 16: **„Unternehmen Nothilfe" in Kenia. Teresa-Schwestern arbeiten in den Slums von Nairobi.**

Rechts: **Schon in den 70er Jahren wird der weltweite Einsatz selbstverständlich: Kinderbetreuung in Buenos Aires, Argentinien.**

Kalkutta im Sommer 1973, 54 A Lower Circular Road, sechs Uhr morgens: Die Frühmesse ist zu Ende. Mutter Teresa, die den gleichen billigen weißblauen Sari trägt wie ihre Schwestern, begleitet uns in das asketische Besuchszimmer. Wie immer um diese Stunde ist sie umringt von Menschen. Später erzählt uns die deutsche Schwester Anand, Mutter Teresa leide unter diesen ständigen Besuchen von Freunden, Neugierigen und Bewunderern, hielte jedoch ihre Schwestern an, auch das Fotografiert- und Ausgefragtwerden demütig als Teil ihres Apostolats hinzunehmen.

„Bitte lächeln!", ruft ein Amerikaner mit schußbereiter Kamera. Im Hinausgehen verstellt uns ein Betrunkener den Weg und meint lallend, was Mutter Teresa tue, tue sie doch nur für sich selbst. Dabei deutet er auf das Elendsviertel, das hinter dem Kloster liegt.

Mein Kollege will im Sterbehaus Aufnahmen machen, erklärt einem Taxifahrer, er möchte zum Kalikat-Tempel gebracht werden. „Kalikat?" wiederholt der Fahrer verständnislos, obgleich er allem Anschein nach Hindu ist. Auch keiner der Umstehenden scheint diesen überaus populären Tempel der Göttin Kali zu kennen. Lebhaftes Diskutieren, bis der Fotograf in seiner Verzweiflung sagt: „Kalikat – Mother Teresa!"

Der Taxifahrer stutzt, lacht dann und zieht aus seiner Hosentasche einen vergilbten Zeitungsartikel mit einem Foto: Mutter Teresa bei der Entgegennahme des Nehru-Preises. So bekannt ist Mutter Teresa heute.

Ein weiter Weg liegt schon hinter ihr. Vor dreizehn Jahren traf ich sie zum erstenmal. Damals existierte ihr Orden schon ein gutes Jahrzehnt, und durch ihre Arbeit in den Slums von Kalkutta hatte sie sich auch die Achtung vieler Nichtchristen erworben. Ich begleitete sie auf einem ihrer täglichen Rundgänge. Am Rand der Fahrbahn, schon fliegenübersät, stießen wir auf einen Sterbenden. Vergebens versuchte Mutter Teresa, mit ihrer Ambulanz Verbindung aufzunehmen. Ahnungslos wie ich war, drängte ich sie, den alten Mann in einem Taxi zum Sterbehaus zu bringen, Geld dürfe in einer solchen Situation wirklich keine Rolle spielen. Unvergeßlich bleibt mir der Tonfall ihrer Stimme, als sie antwortete: „Kein Taxi in ganz Kalkutta würde ihn nehmen!"

Dann begegnete ich ihr wieder, 1967, im Flugzeug. Wir kamen beide aus den verdorrten Hungergebieten von Bihar. Sie war erschöpft; ihr Schwesternhaus in Patna hatte Tausenden überleben geholfen. Damals begann wohl, was ihr Biograph Muggeridge ihre „Geographie des Mitleids" nennt: dorthin zu gehen, wo die Not am größten ist, wohin das Erbarmen sie drängt.

Nachdem der von ihr 1950 ins Leben gerufene Orden in vielen großen Städten Indiens Fuß gefaßt hatte, gründete sie Niederlassungen in den Slums von Venezuela, im Puertoricaner-Viertel von New York, in Ceylon, Australien, London, Rom, Jordanien, Tansania und im bürgerkriegszerstörten Sudan. Als wir 1972 ins hungernde Dacca kamen, versorgten die Missionaries of Charity dort bereits die Notleidenden.

So ist in vielen Ländern der weißblaue Sari zum geheimen Erkennungszeichen der dienenden Liebe geworden, ähnlich dem roten Herzen der Kleinen Brüder und Schwestern des Charles de Foucauld. Mit Foucauld hat Mutter Teresa auch diesen Satz gemeinsam, den sie damals im Flugzeug sagte: „Am Anfang glaubte ich, bekehren zu müssen. Inzwischen habe ich gelernt, daß es meine Aufgabe ist zu lieben. Und die Liebe bekehrt, wenn sie will."

Auch ein anderer Satz von ihr, den Muggeridge zitiert, könnte vom Schöpfer des „kleinen Weges" stammen: „Ich bin nicht für den großen Weg, die Dinge zu tun. Worauf es ankommt, ist der einzelne!"

Diese Haltung hat man Mutter Teresa gelegentlich zum Vorwurf gemacht und gesagt, mit ihrem bedingungslosen Mitleiden hemme sie die Entwicklungsprozesse und die Wege zur Gerechtigkeit. Gewissen Argumenten gesellschaftspolitischer Art gegenüber sei sie völlig unzugänglich, etwa in Fragen der Geburtenkontrolle oder des Aufbaus von Selbstverwaltungsstrukturen in den Elendsvierteln.

DE LA CARIDAD

Vorherige Seiten: **Selbst im muslimisch geprägten Jemen, wo nur wenige Christen leben, sind die Teresa-Schwestern bereits vor 1975 präsent.**

Im äthiopischen Bürgerkrieg helfen sie Mitte der 70er Jahre, das Leid der Ärmsten zu lindern. Sie versorgen vor allem Kriegswaisen.

Man hat gesagt, Mutter Teresa und ihre Schwestern stopften im Endeffekt auch nur Löcher, statt auf einen grundsätzlichen Wandel hinzuarbeiten.

Diese Argumente mögen mancherorts zutreffen, sicher aber nicht in Indien, wo das Gewebe der menschlichen Gesellschaft von Tausenden und Abertausenden von Löchern durchsetzt ist und der Mensch erst einmal aus seiner oft unmenschlichen Erniedrigung befreit werden muß, ehe eine grundsätzliche Änderung eintreten kann. Auch erklärt sich die Haltung Mutter Teresas aus ihrer absoluten Hingabe an den Willen Gottes, der in dem zusätzlichen Gelübde ihres Ordens seinen Ausdruck findet: „Die Verpflichtung zum vollkommenen und unentgeltlichen Dienst an den Armen."

Mutter Teresa will weder die Welt noch die Gesellschaft verändern, es sei denn dadurch, daß sie den Ärmsten der Armen die Gewißheit zu geben versucht, daß sie Menschen in der vollen Würde des Wortes sind und – geliebt werden. In unseren Gesellschaftsformen, die in zunehmendem Maße den Kranken, Alten und Schwachen an den Rand drängen, ist dies ein revolutionärer Akt. Und nicht weniger in Indien, wo das Massenelend in den Städten einfach zum „Recht des Stärkeren" geführt hat, was für die Schwachen soviel wie ein Todesurteil bedeutet.

Dieses Todesurteil versuchen die Missionaries of Charity aufzuheben, wo sie nur können. Gewiß, sie sind eine kleine Herde in einem Meer von Unglück, aber es gibt, so scheint es, einen „Ansteckungseffekt der Liebe", und womöglich ist gerade diese einfache, dienende Liebe der Mutter Teresa der Teil der christlichen Botschaft, den die Hindus am meisten brauchen.

Damals, im Flugzeug zwischen Patna und Kalkutta, sagte Mutter Teresa: „Ich kann Glaube und Liebe nicht trennen; warum sollte ich es auch!"

Diesmal, in Kalkutta, fiel mir ein Wort auf, das sich häufig wiederholte und auch im Titel ihrer Biographie erscheint: „Schön!" Es scheint etwas wie das Schlüsselwort für ihr ganzes Sein und Tun darzustellen: „Gut, dann wollen wir eben gemeinsam etwas Schönes für Gott tun", schrieb sie damals an einen Bischof, der ihr lange vergeblich zugeredet hatte, sich für einen Dokumentarfilm zur Verfügung zu stellen.

„Schön" ist für sie auch der Mensch, jeder Mensch, selbst dort noch, wo die anderen nichts weiter sehen als sein gedemütigtes Zerrbild. „Schön" ist ihr überaus hartes Leben, das tägliche Teilen dieser Härte mit der Lebenshärte der Armen. „Schön" ist die Arbeit ihrer Schwestern, das Anwachsen der Gemeinschaft, das Auftauchen von Father Andrew, der heute Superior von rund hundert Brüdern ist; „schön" ist schließlich jene unendliche Freiheit des Menschen, den anderen zu lieben und damit teilzuhaben an der Schöpfung, – eine Freiheit, die Mutter Teresa 1928 zum erstenmal erfahren hatte, als sie in den Loretto-Orden eintrat, und dann erneut 1946, als ihr in einem Zug in Indien die Gewißheit kam, daß sie die Sicherheit ihres Ordens zu verlassen habe, um ganz einzutauchen in das Leben der Armen.

„Schön" ist schließlich, ohne daß Mutter Teresa je selbst darauf hingewiesen hätte, daß in den Slums von Kalkutta Gott verherrlicht wird in einer Frau, die ausgerechnet aus jenem Land stammt – Albanien –, wo es über Jahrzehnte von Staats wegen keinen Gott geben durfte.

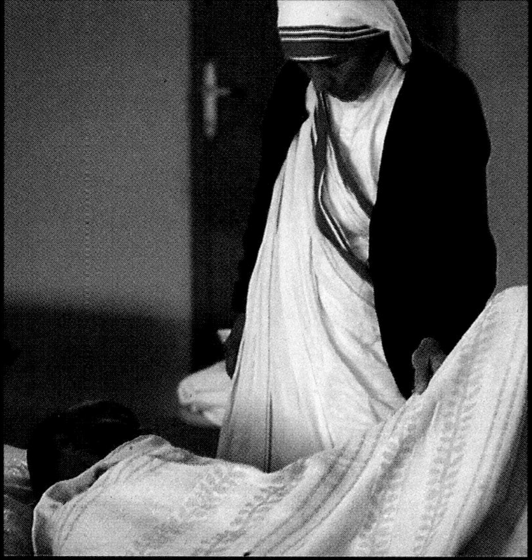

„Sie würden über die Ruhe staunen, mit der diese Menschen von uns gehen.“
Mutter Teresa

LICHT IM TODESSCHATTEN

Geborgenheit für Sterbende: Nach der Gründung der Missionaries of Charity setzt sich die Biographie von Mutter Teresa nahtlos in ihrem Lebenswerk fort. Es beginnt mit der Sorge um Sterbende im Millionen-Moloch Kalkutta.

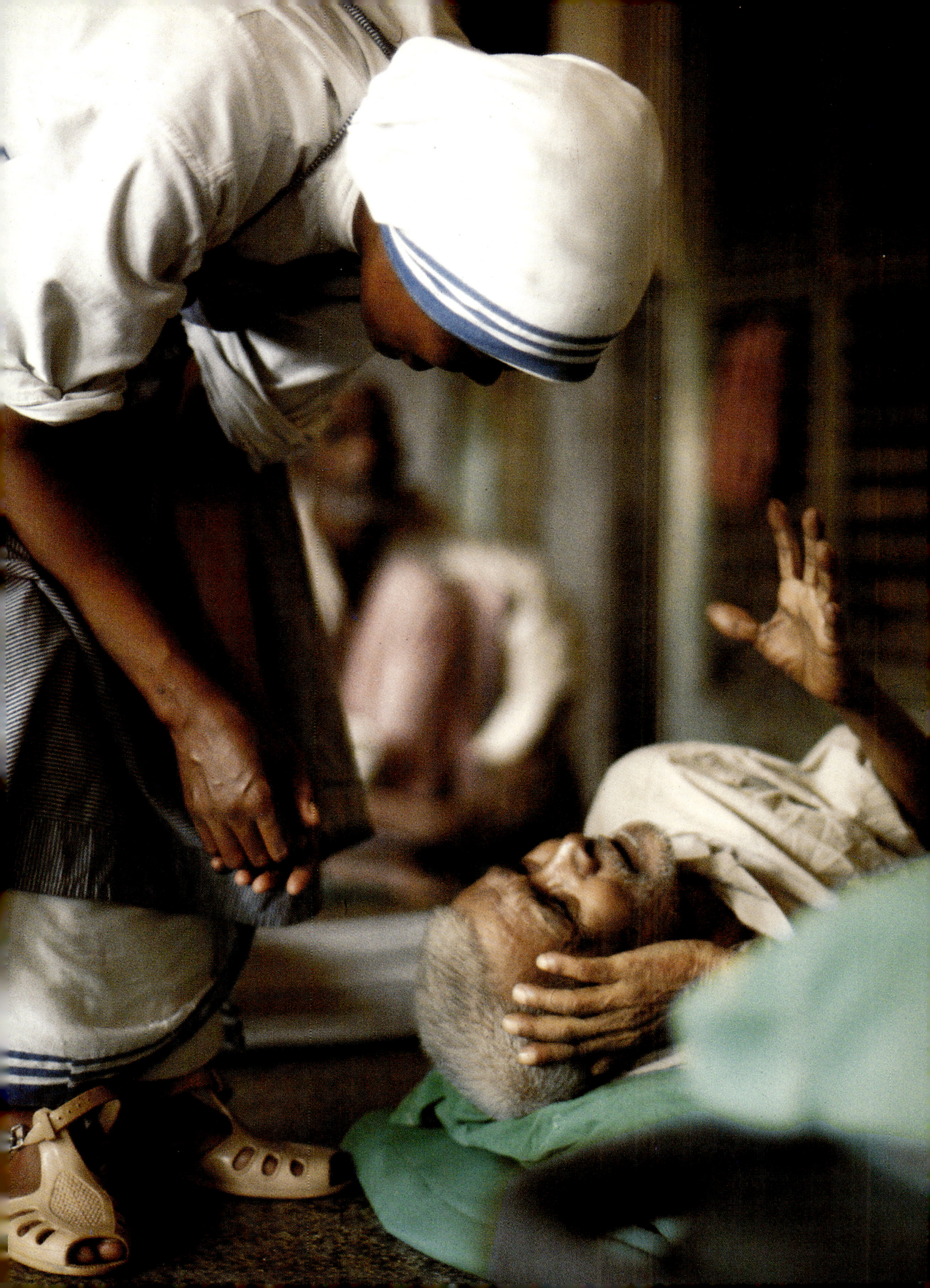

Vorherige Seiten: **Sterbende und Schwerkranke in den Elendsvierteln aufzulesen und sie zu versorgen: Mit diesem Dienst an den Ämsten haben Teresa-Schwestern Zeichen der Nächstenliebe gesetzt, die in der ganzen Welt Beachtung und Bewunderung finden.**

Im Kali-Tempel in Kalkutta *(Foto oben)* hat Mutter Teresa ihre erste „Sterbehalle" eingerichtet – ein Ort der Geborgenheit, wo auch viele Todkranke gesund gepflegt werden. *(Foto rechts und folgende Seiten)*

Sonnenstrahlen tanzen. Auf den weißen Baumwollgewändern der jungen Schwestern gibt die Morgensonne ihr Stelldichein. Während wir durch die staubigen, von Lärm erfüllten Straßen gehen, beten die jungen Postulantinnen der „Missionaries of Charity" still den Rosenkranz. Es ist 8.30 Uhr und ein ganz gewöhnlicher Tag in Kalkutta.

Die Bettler haben sich für ihr Tagewerk gerüstet und sitzen am Straßenrand. Die Holzverschläge vor den Läden der Händler sind beiseite geschoben. Man wartet auf Kundschaft. Auch der Rikschafahrer erhofft sich wie hundert andere ein paar Rupien vom heutigen Tag. Mit einladender Geste deutet er auf sein zweirädriges Gefährt, das er mit bloßen Füßen durch die Straßen zieht. Geschwindigkeit: Ein MS – eine Menschenstärke.

Wir sind auf dem Weg zur „Sterbehalle". An das Halbdunkel in dieser ehemaligen Pilgerhalle des Kali-Tempels muß man sich erst gewöhnen. Die Schwestern haben sich um die Muttergottes-Statue am Eingang versammelt. Ein kurzes Gebet, dann geht's an die Arbeit. Jeder, Journalistin und Fotograf eingeschlossen, bekommt eine Schürze zum Umbinden. Blau für die Schwestern, grün für die freiwilligen Helfer. Beklommen schauen wir uns um. Was haben wir erwartet in einer „Sterbehalle"? Steril weiße Krankenhausbetten? Den Apparaturenwald unserer Intensivstationen mit ihren maschinellen Lebensrettungsversuchen?

In zwei Sälen für Männer und Frauen liegen Menschen auf einfachen, niedrigen Betten. Menschen? Ein Menschenbündel scheint sich dort – unter der grauen Decke zusammengekauert – zu verbergen. Mein Blick fällt auf ausgezehrte Körper, von Hunger und Krankheit gezeichnet, auf apathische, vor sich hinstarrende Augen.

Rechts hinten in der Frauenabteilung scheint die Sonne durch die Gitter der halbrunden Fenster. Ein Lichtstrahl hat sich auf das erste Bett in der Reihe gesetzt. Es gibt Frühstück, Tee und etwas zu essen. Ein junges blondes Mädchen kniet neben dem ausgemergelten braunen Körper einer geisteskranken Frau. Liebevoll, fast zärtlich, hält sie die zerfurchte Hand, die sich ihr entgegenstreckt, und füttert den dazugehörigen Körper. Dann erscheint so etwas wie ein Lächeln auf dem sonst apathischen, ausdruckslosen Gesicht der Kranken.

Beim Frühstück in der „Sterbehalle" gibt es nicht nur etwas zu essen. Hier ein Händedruck, dort ein Lächeln, ein Lachen, beruhigende Worte für halbtote Menschen, die irgendwo in Kalkutta am Straßenrand lagen oder in den U-Bahn-Stationen Schutz suchten. In der „Sterbehalle" bekommen diese Verlassenen ein Bett mit einer Nummer zugeteilt und werden mit Namen, Krankheitsdiagnose und Einlieferungsdatum in ein Buch eingetragen – um zu sterben?

Merkwürdig, dieser Ort, in dem sich Krankheit und Elend zusammenfinden, wo Menschen in zwei Hallen Bett an Bett dicht nebeneinander liegen, weil ihr Leben zu Ende zu gehen scheint. Hier wird Leben in einer Tiefe und Dichte spürbar wie an keinem anderen Ort.

Dort, wo sich das Wimmern der Kranken mit dem Topfgeklapper aus der Küche vermischt, das Betten-

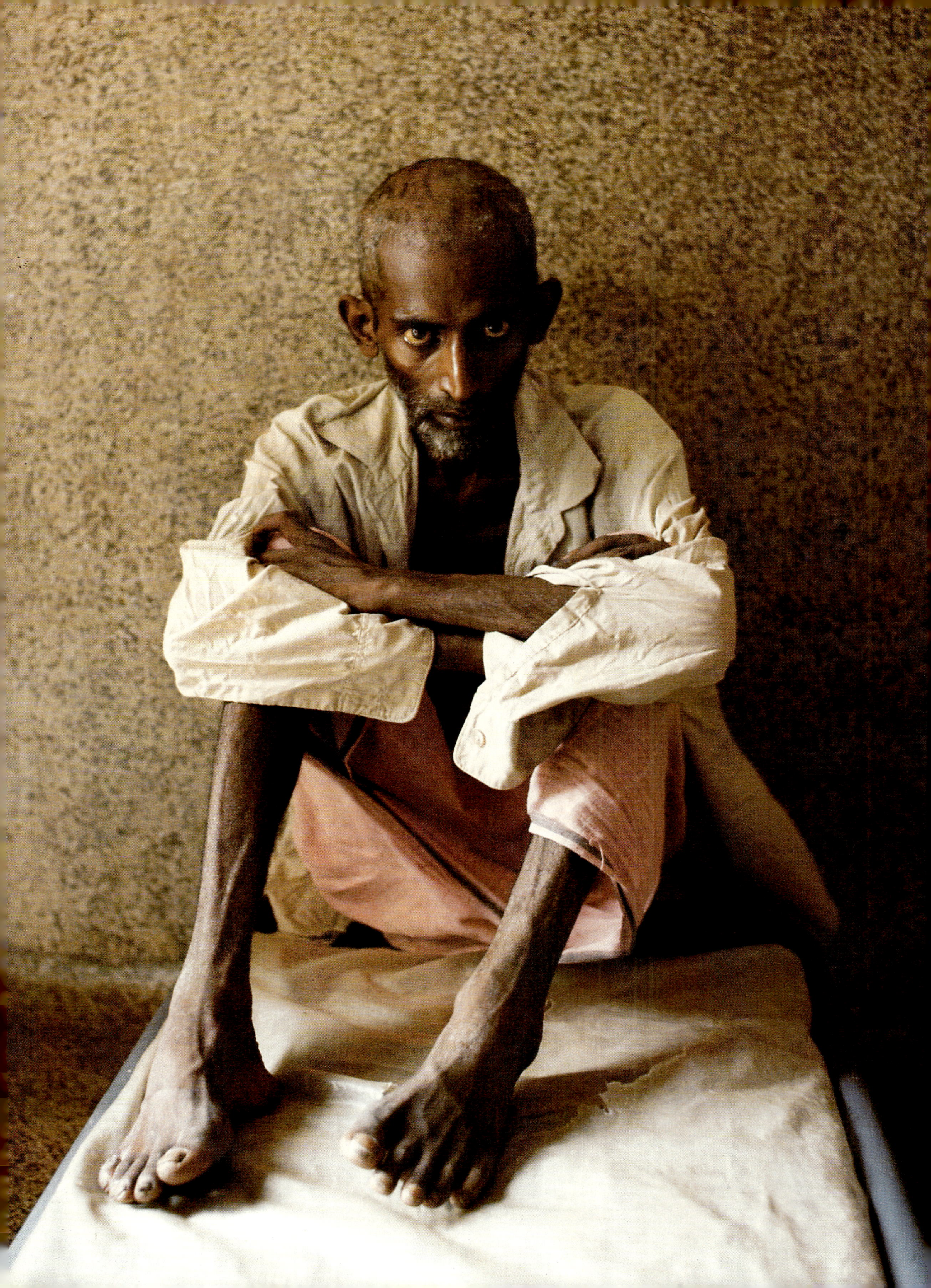

rücken mit dem Lachen der Schwestern, das Husten und Gebrummel der Patienten mit dem Plätschern des Wassers aus der Waschküche, ist eine friedliche, würdevolle Stille zu spüren. „Ich hatte eine Patientin, die war so liebevoll", sagt die blonde Christine. „Obwohl sie wußte, daß sie sterben würde, war da ein Friede in ihrem Gesicht. Die ganze Woche fütterte ich sie, kleidete sie an und aus. Und sie sagte immer 'Guten Morgen' zu mir."

Seit einem Monat verbringt die Engländerin Christine ihren Urlaub in der „Sterbehalle". Jeden Tag kommt sie hierher, um kranke und sterbende indische Menschen zu pflegen. Warum? „Irgendetwas in mir sagte, daß ich dieses Zentrum für die Sterbenden und Verlassenen sehen müsse. Erst schenkte ich diesen Gedanken nicht viel Beachtung und dachte, ich werde wohl nie die Chance haben, nach Kalkutta zu kommen", erzählt Christine, während sie einer Patientin sorgsam Tee einflößt. „Nun verbleiben mir nur noch drei Wochen, und ich weiß, ich werde die Sterbehalle vermissen. Dies ist ein wunderbarer Ort, und die Zeit hier hat mir so viel gegeben."

Fast täglich kommen junge Menschen aus der ganzen Welt nach Indien, um Mutter Teresa zu sehen und eine Zeitlang in der „Sterbehalle" Dienst zu tun. David aus Malta ist mit seiner Freundin für zwei Monate nach Kalkutta gereist. Wie die anderen jungen Helfer müssen sich die beiden den Aufenthalt hier selbst finanzieren. Ein halbes Jahresgehalt haben sie dafür ausgegeben.

„Ich bin gekommen", sagt David, „weil ich denke, daß ich zwei Monate meines Lebens für diese Menschen opfern sollte." Andere, wie zum Beispiel ein Medizinstudent aus der Schweiz, sind sich selbst nicht so richtig im klaren, was sie hierher getrieben hat. „Warum nicht?" gibt er mir lakonisch zurück, als ich ihn nach seiner Motivation, hier zu helfen, frage.

Die Frühstückszeit ist beendet. Die Betten werden neu mit einem grünen oder blauen Leinentuch bezogen, die Kranken zum Baden in den Waschraum gebracht. Im Männersaal verteilt ein Bruder gerade Medizin und erneuert Verbände. Der Arzt hat seine Visitenrunde begonnen, um die Patienten zu untersuchen.

Auf einem der Betten hockt ein junger Mann mit angezogenen Knien. Er winkt. Komm doch mal rüber! Ich setze mich auf die Bettkante und schaue in ein abgemagertes Gesicht mit großen braunen Augenbrauen, die mich erwartungsvoll anblicken. 19 Jahre ist dieser Mann alt, hat weder Vater noch Mutter und stammt aus

Bihar. Eines Tages hatte er sich in den Zug gesetzt. Ohne Fahrkarte, in der Hoffnung, in Kalkutta Arbeit zu finden.

Woher ich komme, und was ich hier tue, möchte er wissen und fragt mich nach meinem Namen. „Eva-Maria", sage ich, und ein verständnisvolles Lächeln huscht über sein mageres Gesicht. „Maria" – das versteht sogar ein Hindu aus Bihar.

Ein neuer Patient wird in die „Sterbehalle" gebracht. An seinem ausgetrockneten Körper sucht eine Schwe-

Einen festen Platz im Tagesrhythmus hat das Wäschewaschen. Wo hunderte Kranke versorgt werden, fallen Berge von verschmutzter Krankenkleidung an. Dieses Foto entstand Im Mutterhaus des Ordens, in der Circular Road in Kalkutta, nach der morgendlichen Frühmesse.

ster nach einer möglichen Einstichstelle für die lebensrettende Injektion. „Heute morgen“, erzählt mir die Griechin Anastasia, „starb ein Mann.“ Und sie schaut dabei auf dieses halbtote Bündel Mensch, um dessen Leben sich die Schwester gerade bemüht. „Klein war er“, fügt Anastasia hinzu, „und nur noch Haut und Knochen.“ Anastasia arbeitet in einer Tabakfabrik und pflegt seit Jahren ihre gelähmte Mutter. Für ihren sehnlichsten Wunsch, nach Kalkutta zu Mutter Teresa zu kommen, schenkte ihr ein Priester das Fahrgeld.

„Wenn ich dies sehe, denke ich: ‘Oh Gott, vergib mir, ich bin keine gute Christin’“, sagt Anastasia. „Wir Christen sorgen nur für uns selbst.“ – Warum kommen andererseits die jungen Leute aus der ganzen Welt ausgerechnet nach Kalkutta in die Sterbehalle und arbeiten nicht in irgendeinem Altersheim in ihrer Heimat? Was ist so anders, so faszinierend, so anziehend an dieser ehemaligen Pilgerunterkunft?

Darauf weiß vielleicht nur derjenige eine Antwort, der einmal den grauen Steinboden dort geschrubbt hat, die Laken von den Betten abgezogen und die Plastikhüllen gereinigt hat. Eine Antwort weiß vielleicht, wer vom Tod gezeichnete Münder gefüttert, dürstenden Lippen Wasser gegeben hat. Eine Antwort mag im Lächeln liegen, das immer wieder über die braunen faltigen Gesichter huscht, sobald eine Hand die ihre hält. Oder wenn einer der geschundenen, abgemagerten Körper aufhört zu zittern, weil eine Hand sorgsam-zärtlich über ihn streicht.

„Gott schaut nach denen, die er liebt: auf seine Art, mit seinen Möglichkeiten, mit unseren Gesichtern“, steht mit weißer Kreide auf einer schwarzen Schiefertafel an der Säule in der „Sterbehalle“. Verbirgt sich darin ein Stück jener Faszination dieses Ortes, die Menschen aus aller Welt nach Kalkutta lockt?

Die Sonne malt im Schlafsaal der Männer ein Schattenmosaik an die frisch gekachelte Wand. Es ist 12 Uhr Mittags. Als ich meine Schürze ausziehe und mich zum Gehen wende, schaut mein 19jähriger Freund aus Bihar zum Eingang herüber. Langsam hebt er seinen rechten Arm und winkt mir zu.

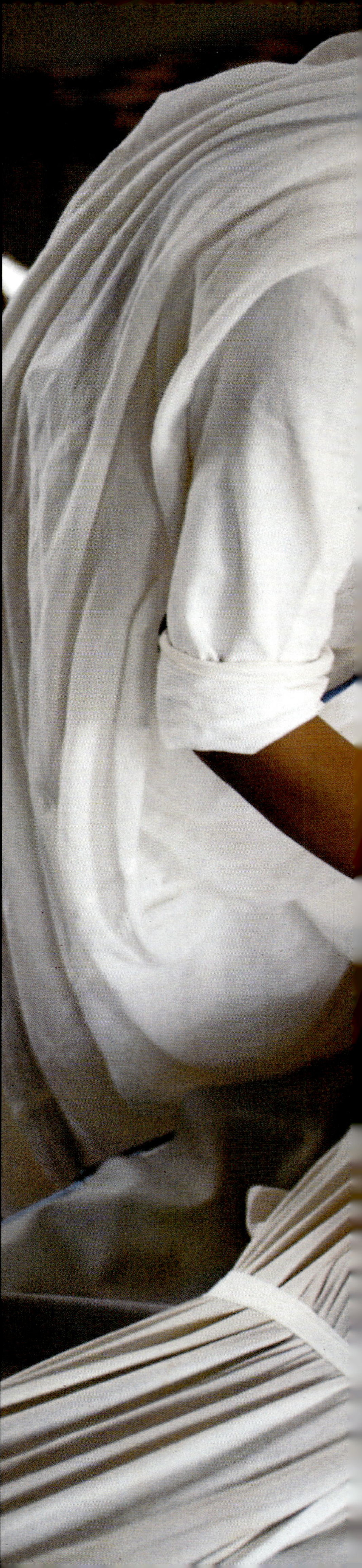

Rosen für die letzte Reise: Die Toten im Sterbehaus werden in ein weißes Tuch gehüllt. Dann stecken ihnen die „Missionarinnen der Nächstenliebe“ ein Kreuz und Rosen auf die Brust.

„Wenn Sie ein Kind haben, das Sie nicht wollen oder nicht ernähren oder nicht erziehen können, geben Sie es mir."
Mutter Teresa

HOFFNUNG

IM SCHATTEN DER HOWRAH-BRÜCKE

Chancen für Waisen:
„Kinder sind ein Geschenk Gottes",
und „Abtreibung ist Mord".
Da kennt Mutter Teresa keine
Kompromisse – und bietet weltweit
jeder Mutter in Not ihre Hilfe an.

WELCOME TO CALCUTTA
RABINDRA SETU COMMISSIONERS CALCUTTA PORT TRUST

BATTERY
CENTRE
The Exide shop
JIYAJEE
AVAILABLE AT
SUMANGAL

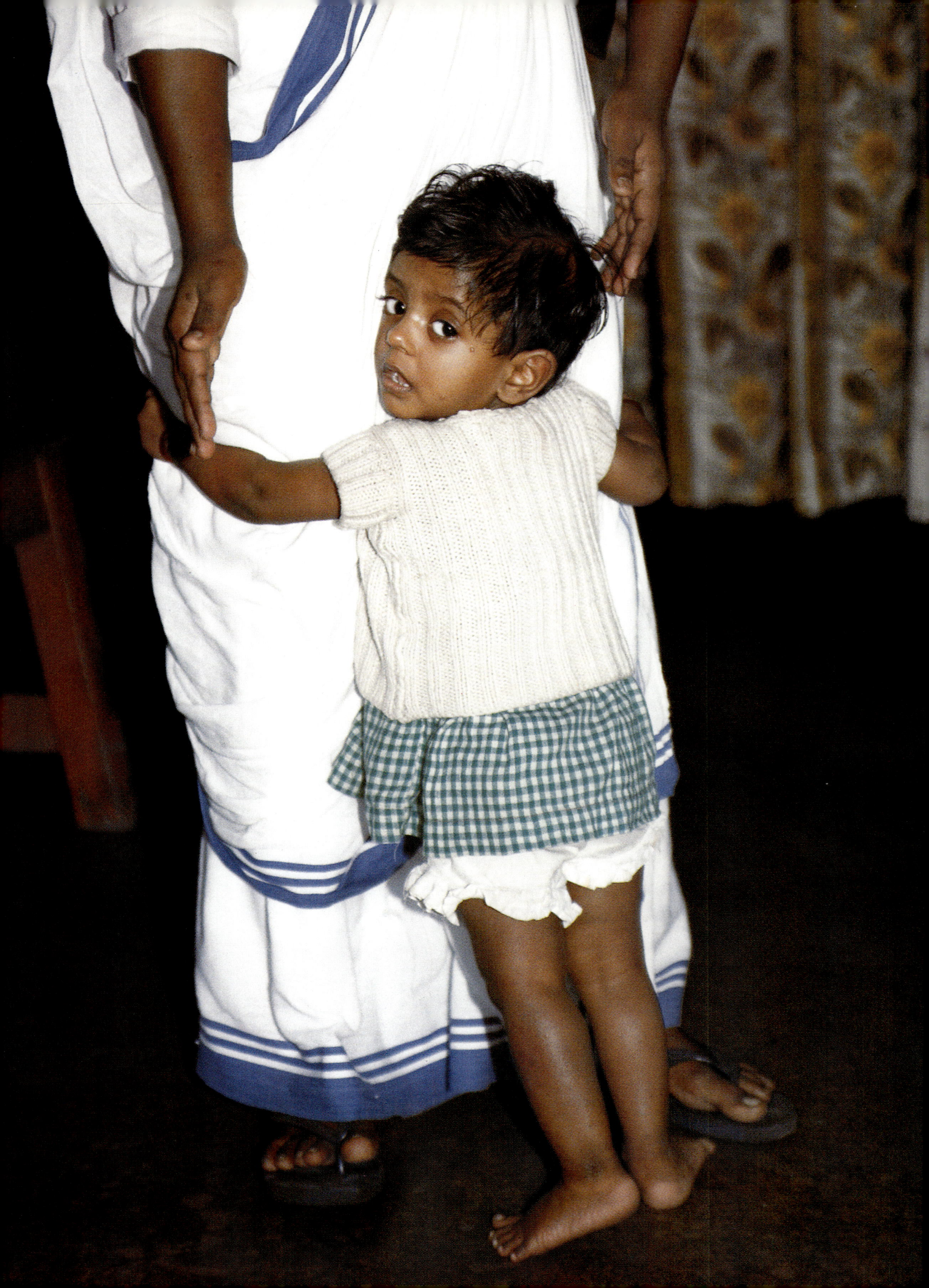

Freundlich aber bestimmt winken die „Missionaries of Charity" in der Rosemarie Lane Nummer 33 ab: Fotos von ihrer Arbeit dürften wir nur mit der ausdrücklichen Genehmigung von Mutter Teresa machen.

Zurück also führt uns der Weg durch Pilkana, das Slumgebiet an der weltberühmten Howrah-Brücke in Kalkutta. Vielleicht haben wir ja Glück und treffen Mutter Teresa.

Pilkana gilt als der Gipfel. Alles, was Kalkutta als Ort des Elends, der Überbevölkerung und der Armut zu bieten hat, potenziert sich in Pilkana, im Schatten jener 700 Meter langen Brücke, die als Wahrzeichen der Stadt gilt.

Da hacken Kinder mit stumpfen Eisen Steine zu Schotter – Vorarbeiten für den Straßenbau. Männer aus niedrigen Kasten sammeln jeden Fetzen Altpapier. Wohl 100.000 haben ihre Bleibe auf dem Bürgersteig.

Vorherige Seiten:
Die Betreuung von Kindern gehört weltweit zum Auftrag der Teresa-Schwestern. Auch in Kalkutta, unter der riesigen Howrah-Brücke. Hier „stranden" im Howrah-Bahnhof viele Waisen und Kranke.

Oben und folgende Seiten:
In der Rikscha unterwegs zum Pilkana-Slum, wo die Missionaries of Charity ein Waisenhaus unterhalten.

Müde kauen „heilige Kühe" wieder, während Frauen deren Dung aufsammeln und ihn, in handliche Fladen geformt, zum Trocknen auslegen. Dröhnend donnert der Straßenverkehr von der Howrah-Brücke an uns vorbei. Fast hilflos, mitten im Sog der Gefährte, schieben Bengalis meterlange Holzkarren über den heißen Asphalt. Die schrillen Hupen der Rikscha-Fahrer schmerzen in den Ohren, während am Straßenrand ein Barbier Bärte rasiert und ein erschöpfter Kuli zusammengebrochen ist.

Am folgenden Morgen um 5.40 Uhr sind wir in der Lower Circular Road. Die Stadt ist noch ruhig. Die Menschen, die auf dem Bürgersteig übernachtet haben, wachen auf und waschen sich an einer Wasserstelle. Im Haus mit der Nummer 54 A treffen sich tagtäglich einige Frühaufsteher, meist Europäer, die ein gemeinsames Ziel haben: Um sechs Uhr feiert Mutter Teresa mit ihren Schwestern und Novizinnen im Mutterhaus des Ordens Gottesdienst.

Nach der Messe begrüßt Mutter Teresa alle Gäste, freut sich fast kindlich, als sie ihre warmen Hände um unsere schließt: „Sehen Sie, wieviele Menschen zum Gottesdienst gekommen sind!" Sie erinnert sich an unseren letzten Besuch, erkundigt sich, wie die damals geplante Reise in den Nord-Osten Indiens verlaufen ist. Unten im Binnenhof des Klosters haben Schwestern und Novizinnen inzwischen begonnen, die Wäsche vom Vortag zu waschen.

Ungeheuer konzentriert unterhält sich Mutter Teresa mit uns, lacht, fragt und erzählt von ihren letzten Neugründungen. – Beeindruckend diese Frau mit dem markanten Faltengesicht, in das Spuren der Zeitgeschichte eingegraben sind; diese Frau, die dem Papst und Michail Gorbatschow die gleiche Aufmerksamkeit zuteil werden läßt wie einem Besucher aus den Vereinigten Staaten, einem Bettler in Pilkana oder ein paar Journalisten aus Deutschland.

Wir sprechen mit ihr über missio und über unsere Arbeit, erklären, daß wir gerne eine Reportage über ihre Schwestern im Pilkana-Slum machen möchten. Ob wir dort – und auch in ihren anderen Klöstern überall in der Welt – fotografieren dürfen?

Keine Sekunde zögert die damals 80jährige, greift nach einer ihrer kleinen gelben Visitenkarten, auf der in Englisch geschrieben steht: „Die Frucht der Stille ist das Gebet. Die Frucht des Gebetes ist der Glaube. Die Frucht des Glaubens ist die Liebe. Die Frucht der Liebe ist der Dienst. Die Frucht des Dienstes ist der Friede. Mutter Teresa."

Auf die Rückseite schreibt sie dann

in ebenmäßiger Schrift: „Laßt die missio-Leute einige Fotos machen. Mutter Teresa. 19. 11. 90."

Bevor wir uns dann wieder auf den Weg zur Rosemarie Lane Nummer 33 machen, unterhalten wir uns noch über die Waisenkinder, die dort bei den Missionaries of Charity ein neues Zuhause gefunden haben: „Abtreibung ist Mord", sagt Mutter Teresa, „und deshalb müssen wir jeder Mutter in Not beistehen." Ihr Rezept: „Wir bekämpfen Abtreibung durch Adoption." Und mit Blick auf die weltweite Situation erläutert sie: „Die reichen Länder, in denen kein materieller Mangel herrscht, sind die ärmsten der armen, wenn die Abtreibung dort erlaubt ist.

Ich möchte in diesen Ländern viele Heime für Kinder eröffnen. In ganz Indien haben wir bisher keinem einzigen Kind die Aufnahme verweigern müssen, Gott hat uns immer die Mittel gegeben, alle Kinder aufzunehmen und viele zur Adoption an Familien zu vermitteln."

Sicher 90 der Kleinen sitzen im ersten Stock auf dem Boden, im Raum gleich neben der Kapelle. Von den Teresa-Schwestern werden hier Slum-Kinder unterrichtet, die sonst niemals eine Schule besuchen könnten.

Mit drei der Ordensfrauen gehen wir zum Markt, um Fisch zu kaufen. Schwester Elthel Rose feilscht wie ein Marktweib, während Myriaden von Fliegen sich an dem Meeresgetier gütlich tun. Man wird sich einig, und der Fischhändler schneidet am stehenden Messer die silbrig glänzenden Schuppentiere in handgroße Stücke.

Im Waisen- und Krankenhaus von Pilkana gilt es, für Kleidung und für stärkende Mahlzeiten zu sorgen: Helferinnen nähen an mechanischen Maschinen Kinderkleider, und die Ordensfrauen kaufen auf dem Markt frischen Fisch.

Keine Zukunftsperspektiven ohne gute Ausbildung: Im Pilkana-Slum von Kalkutta unterrichten die Ordensfrauen täglich hunderte Kinder, die sonst keine Möglichkeit hätten, zur Schule zu gehen.

Von der Waage gleiten sie in die Handtaschen, Ladung um Ladung. Weit über 100 Kinder und Kranke warten in Pilkana auf ihr Mittagessen.

Im Kinderhaus angekommen, verweilen die Schwestern zuerst im Gebet vor der blau-bemäntelten Madonna, umringt von den Kleinen, die aufgeregt die Frauen im Sari begrüßen als wären es ihre Mütter. Bubu, ein blinder Zweijähriger, schmiegt sich an die Wange von Schwester Corona, sichtlich dankbar für jeden Körperkontakt.

21 Helferinnen sind hier schon seit Stunden mit Wickeln und Baden, mit Waschen von Wunden und mit dem Verteilen von Medikamenten beschäftigt. Da ist ein Baby, das Schwester Elthel Rose von der Straße aufgelesen hat. Einige wurden von ihren Müttern vor dem Kinderhaus ausgesetzt, in der Gewißheit, daß sie hier überleben und gut erzogen werden. Viele sind Strandgut des nahen riesigen Bahnhofs an der Howrah-Brücke.

Im Obergeschoß besuchen wir die Erwachsenen, während Bubu inzwischen Platz auf meinem Arm gefunden hat. Rund 50 Kranke, Entstellte, Unterernährte, Tuberkulöse und Verwundete liegen hier, Bett an Bett in einem großen Raum. „Die meisten der Patienten haben wir im Bahnhof aufgelesen", so Schwester Corona, die die eiternde Armwunde einer alten Frau verbindet. In einer Ecke des Raumes sitzen drei Helferinnen vor Nähmaschinen und sorgen für passende Kleidung, während sich Bubu auf meinem Arm sichtlich wohl zu fühlen beginnt. Er erkundet tastend mein Gesicht, er plappert und ruft seinen eigenen Namen.

Gut 50 der Kleinen leben zur Zeit in diesem Haus. Sie werden gekleidet, erzogen und geliebt. Diese Kinder haben Zukunft. – Wieviel Tausende es in allen Teresa-Häusern überall auf der Welt sind, hat niemand gezählt. Wieviele hier aufgepäppelt und dann von einer Familie adoptiert worden sind, weiß niemand zu sagen. So gigantisch wie das Wunder, daß es den Teresa-Schwestern nie an den Mitteln fehlt, diese Arbeit weltweit zu finanzieren, obwohl sie keine Spendenwerbung betreiben, so gigantisch ist das Gottvertrauen der Ordensfrauen: „Gott weiß, was nötig ist. Er hält unsere Arbeit in Gang."

Der blinde Bubu – sein linkes Auge ist verschlossen, verklebt, sein rechtes milchig trüb – ist mit seinen herrlich schwarzen Wimpern und Augenbrauen ein schöner Junge. Er hat meinen Kugelschreiber entdeckt und beginnt ihn zu erkunden. Bubu, ein Mensch, dessen warmen Atem ich spüre, hat Glück gehabt. Durch die Schwestern ist ihm der Tod in der Gosse erspart geblieben, und vielleicht finden die Ordensfrauen sogar eine Familie, die ihn adoptiert.

Inzwischen ist das Essen gar. Geduldig pulen Schwestern und Helferinnen die Gräten aus dem Fisch und mischen ihn mit Reis und einer schmackhaften Sauce. Erstaunlich, welch riesige Portionen viele der Kleinen verdrücken, nach Landessitte in Häppchen, die geschickt mit der rechten Hand in den Mund geschoben werden.

An der schmiedeeisernen Tür des Kinderhauses haben sich neugierige Zaungäste eingefunden und spähen auf das geschäftige Treiben im Inneren. „Seit einiger Zeit", so die Erklärung der Schwestern, „müssen wir die Tür geschlossen halten. Seitdem im nordindischen Ajodja radikale Hindus und Moslems einander bekriegen, werden auch wir öfters angefeindet. Man hat uns gedroht, Kinder zu ermorden." Die naheliegende Frage „Haben Sie Angst?" erhält eine für die Schwester selbstverständliche Antwort: „Warum sollte ich Angst haben? Gott ist mit mir."

Beim Essen ist es ruhig geworden. Ein behindertes Mädchen von sechs Jahren muß gefüttert werden, und Bubu bewältigt sein Fischmenü bravourös und mit sichtlichem Genuß. – Hier ist plötzlich das konkret, was Mutter Teresa meint, wenn sie immer wieder sagt: „Ich will nichts als Gottes Liebe weitergeben."

Eine Aufgabe, der sich neben ihren Ordensfrauen auch eine Gemeinschaft von Brüdern verschrieben hat. Einige dieser Männer haben sich in Pilkana niedergelassen – in einem Haus eines ehemaligen Baptisten, der früher die Katholiken als „Satansbrut" beschimpfte. Seine Immobilien-Spende ist heute Heimat für 18 Schwerbehinderte, die kaum einen Augenblick ohne Betreuung sein können.

Hier wie im Pilkana-Kinderheim wird die ganze Absurdität der Vorwürfe deutlich, die Mutter Teresa immer wieder gemacht werden: „Mit Anspielung auf ein chinesisches Sprichwort sagt man Mutter Teresa oft", so ein Bruder, „sie solle den Armen nicht Fische, sondern Netze geben. Aber geben Sie diesen Schwerstbehinderten oder den Kleinen im Kinderheim doch einmal ein Netz. Dann werden auch die Kritiker einsehen, daß diese Menschen sich unmöglich selbst helfen können." Und bei unserem Abschied fügt der vielleicht 30jährige hinzu: „Unsere Kirche braucht auch Menschen, die Fische verteilen."

„SIEBEN TAGE BIN ICH DURCH DEN BUSCH GEIRRT“

*Zuflucht für Flüchtlinge:
45 Millionen Menschen haben weltweit ihre Heimat verloren. Durch Hunger, Naturkatastrophen oder Krieg. Anker der Hoffnung sind für viele die Teresa-Schwestern.
Im liberianischen Bürgerkrieg wurden die Ordensfrauen selbst zu Flüchtlingen.*

„Wir wollen für die da sein, die durch alle Maschen der Hilfsorganisationen und Institutionen gefallen sind.“
Mutter Teresa

Der zweite Anlauf führt zum Erfolg: Schon vor vier Jahren hatten wir ein Ticket nach Liberia in der Tasche. Doch genau an unserem geplanten Reisetag wurde der Flughafen der Hauptstadt Monrovia in Schutt und Asche geschossen. Heute schweben wir mit einer kleinen „Focker 100" mitten in die Kriegsstadt ein. Am Ende der provisorischen Landebahn, auf der spielende Kinder vor dem Düsenvogel davonstieben, kommt die Maschine so gerade zum Stehen.

Im Chaos der „Abfertigung" konstruieren Beamte und Soldaten „Gesetzesverstöße". Unsere Spritzen im Gepäck werden beanstandet, und die Filme des Fotografen. „Ein ganz schwieriger Fall", der sich nach einer Stunde nur mit einem Griff ins Portemonnaie lösen läßt: 25 Dollar wechseln die Besitzer, der Gegenwert von zwei Monatslöhnen in Liberia.

Checkpoints und Straßenbarrieren pflastern die Straßen in der Bürgerkriegs-Metropole Monrovia. Soldaten der Westafrikanischen Friedenstruppe tun hier ihren Dienst bei mörderischem Treibhausklima. Gewehre an jeder Straßenecke. Zerschossene Häuser wie in Beirut.

Bis zur nächtlichen Ausgangssperre haben wir noch drei Stunden. Eine erste Stadtrundfahrt ist angesagt. „Als wir hier unter Beschuß waren", erklärt Pfarrer Edward Jackson, „mußten viele Leichen einfach in der Stadt verscharrt werden." Zum Beispiel an einer Straßenkreuzung, neben der gerade ein kleiner Junge im glimmenden Müll nach Eßbarem sucht. „30 Menschen konnten wir hier so gerade mit Erde bedecken. Die Überlebenden waren vor Hunger zu erschöpft, um sie tiefer einzugraben."

Heute präsentiert sich Monrovia als eine Trümmerstadt mit brodelndem Leben. Wohnten hier vor 1989 rund 500.000 Menschen, drängen sich heute 1,2 Millionen in der militärisch relativ sicheren Metropole; doch über 80 Prozent von ihnen sind Heimatlose, Flüchtlinge. Der größte Teil des Landes ist von verschiedenen Kriegsparteien besetzt, und es ist lebensgefährlich, in den Rebellengebieten zu leben.

Wir kommen mit einem Soldaten ins Gespräch: „Als unsere Truppe gegen

Vorherige Seiten: **Krieg und Flucht sind für 45 Millionen Menschen auf der Welt harte Alltagswirklichkeit: Ein Schicksal, das die Teresa-Schwestern zu lindern versuchen.**

Im afrikanischen Sierra Leone zum Beispiel kümmern sie sich um Familien, die Tote zu beklagen haben *(unten)*, und sie helfen den Ärmsten mit einer warmen Mahlzeit pro Tag *(rechts)*.

Charles Taylor kämpfte" – einen Rebellenchef und Kriegstreiber, der lange Zeit fast das ganze Land beherrschte – „standen wir oft Kindersoldaten gegenüber. Wir mußten auf die Zehn- bis Fünfzehnjährigen schießen", so der Uniformierte, „sonst hätten sie uns umgebracht." – Das Grauen ist allgegenwärtig in Liberia.

Beatrice heißt die Mutter mit dem unbeschreiblich traurigen Blick; sie hat im Krieg ihren Mann und ihre sieben Kinder verloren. Jetzt kommt sie langsam wieder auf die Beine: durch die Hilfe der Teresa-Schwestern. „Die Not der Ärmsten ist unermeßlich geworden", weiß die Oberin, Schwester Etienne. Allein 500 Familien versorgen die Ordensfrauen mit Lebensmitteln, und rund 600 Menschen kommen regelmäßig zum „Dispensary", der kostenlosen Gesundheitsversorgung im Kloster.

Was es heißt, Flüchtling zu sein, alles Hab und Gut zu verlieren und gerade noch mit dem Leben davonzukommen, wissen die Teresa-Schwestern auch aus eigener Erfahrung: „1990 warteten eines Morgens vier von uns auf den Pfarrer, der die Heilige Messe lesen sollte", so Schwester Etienne. „Aber er kam nicht, weswegen sich zwei auf den Weg machten, ihn zu suchen. Als der Pfarrer schließlich ankam, standen gerade die beiden anderen Schwestern vor einem Erschießungskommando." Die mutige Intervention des Priesters habe ihnen das Leben gerettet. Doch die Ordensfrauen mußten auf der Stelle das Land verlassen.

„Im Februar 1992 erst konnten wir hierher zurückkommen", so die Oberin, „Mutter Teresa hat jetzt sechs statt vier Schwestern hierhergesandt, weil durch den Krieg unendlich viele Flüchtlinge auf Hilfe angewiesen sind."

Als „Black-Gate-Sisters" sind die sechs im Sari stadtbekannt: Ihr Kloster, ein Stückchen Heimat für Ungezählte, liegt hinter einem schwarz gestrichenen Tor. „Flüchtlingshilfe" sei mehr als „nur" Hungernden zu essen zu geben und Kranke zu pflegen, erläutert Schwester Jorgetta, eine Inderin. Sonntags schwärmen die Charity-Sisters aus in verschiedene Pfarreien, um hier Katechese zu halten, und nachmittags wimmelt es hinter dem schwarzen Tor nur so von Kindern: „Über 200 kommen dann zu unserem Religionsunterricht." Und nachdenklich fügt die Inderin hinzu: „Das ist eine gute Chance, gerade in solch harten Zeiten. Fast alle Menschen hier sind als Flüchtlinge gestrandet. Haltlos. Heimatlos. Fast alle haben Tote zu beklagen. In der Gemeinschaft und in der Liebe Gottes finden sie ein wenig Geborgenheit, einen Anker, um Ruhe in ihr Leben zu bringen."

Diese Einschätzung teilt auch der liberianische „Kirchen-Boß", Bischof Michael Francis. Zum Beispiel wenn es um die Kindersoldaten geht. Im Gemetzel um die Macht haben sie eine große Rolle gespielt. Mehr als 5.000 der Halbwüchsigen wurden zwangsweise rekrutiert, mit Rauschgift vollgepumpt und dann als Mordkommandos in die Dörfer geschickt.

In Virginia, einem kleinen Dörfchen, hat Michael Francis die ersten Kindersoldaten untergebracht, die dem Horrorjob mit Machete und Maschinengewehr entkommen sind. „Wir wollen den Menschen wieder Hoffnung geben", so Francis. „Überall, wo möglich, eröffnen wir die Pfarreien wieder. Der Zerstörung und der Hoffnungslosigkeit müssen wir möglichst schnell Wiederaufbau und Neuanfang entgegensetzen, um den Flüchtlingen Halt zu geben."

Im Bildungshaus von Virginia haben zehn Jungen ihre Maschinengewehre gegen Hacken und Buschmesser getauscht, um Süßkartoffeln anzubauen. „200 bis 300 der Kindersoldaten könnten wir hier unterbringen und sie wieder in ein normales Leben zurückführen", spinnt Bischof Francis Zukunftsträume. Und halblaut rechnet er wie für sich selbst: „20 Mark im Monat bräuchte ich pro Nase, das macht..."

Lusinie Keita hätte in Friedenszeiten ein Klassenkamerad der Killer-Kinder sein können. Doch der Krieg hat ihn zum Opfer gemacht und ihn als Flüchtling in das Nachbarland Sierra Leone gespült. „Nachts um zwölf kamen sie und haben auf alles geschossen", erinnert er sich stockend, und die Panik steht ihm noch ins Gesicht geschrieben. „Jeden haben sie umgebracht. Sie haben meine Leute zerschossen. Ich bin der einzige aus unserem Dorf, der sich verstecken konnte. Nur ich lebe noch", und nach einer Pause, während der er mit glasigem Blick in den Himmel starrt, fährt er fort: „Meinem Vater, meiner Mutter und meinen Geschwistern haben sie auch noch die Kehlen durchgeschnitten. Als ich weg wollte, mußte ich über ihre Leichen steigen."

Der Junge aus Tapeta im Norden Liberias ist einer von Hunderttausenden, die den Sprung auf einen Lastwagen geschafft haben, um nach Sierra Leone oder in eines der anderen Nachbarländer zu entkommen. – Ein Schicksal, das weltweit nach Angaben der Vereinten Nationen 20 Millionen Menschen zu ertragen haben. Zusätzlich zu diesen Flüchtlingen hätten 25 Millionen Menschen innerhalb des

eigenen Landes ihre Heimat verloren.

„Sieben Tage bin ich durch den Busch geirrt", beschließt Lusinie Keita seine Fluchtgeschichte, „immer hatte ich das Gefühl, sie sind mir auf den Fersen. Bis ich dann auf der Straße den Lastwagen erwischte und aufspringen konnte." Der „Rough Rider" – wie eine Aufschrift den grünen Brummi nennt – steht jetzt auf dem Hof einer Polizeistation in Sierra Leone. In Sicherheit. Kinder schreien. Bündel mit Habseligkeiten stapeln sich unter einem Wellblechdach.

„Die Schwestern sind da!" Die Kunde verbreitet sich hier, am Stadtrand von Freetown, wie ein Lauffeuer. Zwischen Wellblechbaracken, Abwasserkanälen und spielenden Kindern sind

Vorherige Seiten:
Kinder können sich vor den brutalen Folgen von Krieg und Flucht am wenigsten schützen.

Oben und folgende Seiten:
Wo ein Land wie Liberia oder Sierra Leone zu Ruinen geschossen wird, sind die Überlebenden menschliche Wracks, die vor allem der liebevollen Zuwendung bedürfen.

die Ordensfrauen im weiß-blauen Sari gern gesehene Gäste. Nicht zuletzt auch bei den Liberia-Flüchtlingen, die seit 1990 hier über die Runden zu kommen versuchen.

Schwester Paulina geht in Abschiedsstimmung durch Kissy. In ein paar Tagen reist sie in ihre indische Heimat zurück, um dort zu erfahren, wo ihr nächster Einsatzort sein wird. Paulina ist eine von mehr als 4.600 „Missionaries of Charity", Schwestern vom Orden der Mutter Teresa. „Normalerweise bleiben wir etwa drei Jahre an einem Ort." Eine Weltkarte hängt im Aufenthaltsraum des Klosters gleich neben der Kapelle. Alle Niederlassungen des Ordens sind hier eingetragen. „Nein", gezählt hätten sie die Klöster noch nie, gestehen die Nonnen mit Lachen. „Solche Erfolgsmeldungen interessieren uns nicht."

Wichtig ist aber, daß ein neues Haus in Makeni eröffnet worden ist, in der nördlichsten Bischofsstadt von Sierra Leone. Laut schallt das Palaver des Marktes in die Kapelle. Vom ersten Stock aus blicken die Ordensfrauen auf ein buntes Getümmel zwischen kleinen Blechdächern auf Holzstelzen. Grellgelbe Mangos haben Saison, grasgrüne Kassawa-Blätter, ganze Bananenstauden. Kinder lungern herum und versuchen, etwas Eßbares zu ergattern.

Beißender Rauch aus der Küche der Ordensfrauen hängt in der Luft. Die Schwestern kochen hier tagtäglich für Flüchtlinge, für Lepröse und Lahme, für Blinde und Bettler. „Das ist ein Rettungsanker für viele, die sonst irgendwo in einer Ecke verrecken, oft unbemerkt, alleingelassen", schätzt Bischof George Biguzzi von Makeni das Engagement „seiner" Teresa-Schwestern. Und er verteidigt die Ordensfrauen gegen die oft gehörte Kritik, sie kurierten nur an Symptomen herum; sie fütterten zwar Hungernde, änderten aber nichts an den politischen Bedingungen, die viele in den Hunger treiben: „Ihnen gelingt es, viele Menschen zu retten, die ganz unten in der Armutsskala angekommen sind. Ich bin froh, daß diese Frauen hier sind, weil sich sonst kaum jemand um die kümmert, die nicht arbeiten, ja nicht einmal mehr betteln können. Müßten diese Menschen auf politische Reformen warten, könnten sie nie und nimmer überleben."

Links und folgende Seiten: **Der Blick in die Zukunft schwankt zwischen Skepsis und Hoffnung. Die Kinder, die im Bürgerkrieg überlebt haben, sind oft schwer gezeichnet durch die Greueltaten, die sie mitansehen mußten.**

„Ohne das Leid wäre unsere Arbeit ein soziales Engagement, gut und nützlich, aber nicht das Werk Christi, nicht Teil der Erlösung. Jesus wollte uns helfen, indem er unser Leben teilte, unsere Einsamkeit, unseren Tod. Dadurch, daß er mit uns eins war, hat er uns erlöst. Wir dürfen dasselbe tun."

Mutter Teresa

HEIM AM PERLFLUSS

Heimat für Behinderte: Ausgestoßene und Alleingelassene sind die Freunde Mutter Teresas. Behinderte – Verkrüppelte und geistig Benachteiligte – nimmt sie in ihre Obhut, wenn die Wohlstandsgesellschaft sie links liegen läßt. Zum Beispiel Hongkong.

Connaught Place & Edinburgh Place
康樂廣場及愛丁堡廣場
Queensway & Mid-Levels
金鐘道及半山區
Harcourt Road
夏慤道
7
EDINBURGH
PLACE
反

WING ON HOUSE
永安集團大廈
RUBY SHOES
TOYOTA

Miß So schnappt nach den Stäbchen. Gierig schlingt sie den Reis herunter und öffnet automatisch den zahnlosen Mund für den nächsten Happen. Miß So ist schwerkrank, sie muß gefüttert werden wie ein Baby. Elf Jahre ist sie auf der Straße herumgekrochen. Auf allen Vieren wie ein Tier. Abfall und Almosen haben sie vor dem Verhungern bewahrt. Leben im Schatten einer schillernden Stadt: Hongkong.

Um die Mittagszeit lassen sich die vornehm britisch anmutenden Banker in den internationalen Restaurants des Zentrums hofieren, derweil dümpeln verlassene Dschunken im Hafen von Aberdeen. Fischer und Tagelöhner sind im Menschengewimmel der Megastadt untergetaucht. Wie an jedem Tag kämpfen sie um ein paar Cents zum Leben. Millionen Menschen haben keinen Platz in der Gesellschaft dieser Stadt, deren Mieten ebenso schwindelerregend sind wie die gigantischen Hochhauskulissen. Zigtausende sind in den Betonsilos wie in Käfigen zusammengepfercht.

Im Cheong Chit House, Block 6, einem der tristen weißen Klötze von Kowloon, hat Miß So mühsam gelernt, wieder aufrecht zu gehen, sich wie ein Mensch zu fühlen. Neugeboren. Hingebungsvoll füttert Mister Chaupa die Krebskranke im „Home of Love", dem Heim der Liebe. Besser als jede Krankenschwester ist der alte Chinese mit den schlimmsten Fällen vertraut. Lange Jahre war auch er in der Gosse zu Hause.

Auf Kowloons Straßen spielt sich das eigentliche Leben ab. Es ist das dichteste Wohngebiet der Welt und ein einziges Ladenviertel. Meilenweit Händler an Händler, konkurrierende Lichtreklamen verhängen den Himmel. Gelegentlich erhascht man aus einem der doppelstöckigen Autobusse einen Blick in die eingezwängten Gassen. Hinter den Reklame-Fassaden: Schmutz, Verfall und Armut, die andere Seite der nimmermüden, betriebsamen und lauten Stadt. Doch das Geld diktiert den Herzschlag dieses weltweit wichtigen Finanzschauplatzes, dem letzten Juwel der britischen Krone.

Nur wenige Hongkonger zählen zu den Auserwählten, die in Stanley, der exklusiven Villengegend, oder in den noblen Häusern am Victoria Peak residieren können. Abends beschert ihnen der Blick von diesem 556 Meter hohen Hügel ein romantisches Lichtermeer zu ihren Füßen. Diamanten funkeln dann am breiten Delta des Perlflusses.

„Lichtblicke sind selten für den normalen Hongkonger", resümiert Schwester Maria Victoria, die das Heim im Untergeschoß des Hochhauses leitet. „Allein in diesem Wohnturm leben ein paar tausend Menschen auf engstem Raum. Fünf Personen in zwei winzigen Zimmern, das ist völlig normal. In Hongkong ist Platz Mangelware. Wir haben hier unten leider auch nur einen winzigen Hof, also kaum Bewegungsfreiheit. Und doch kommen die Nachbarskinder zum Spielen zu uns, oder um ein bißchen Englisch zu

Vorherige Seiten: **Im Millionen-Molloch Hongkong ist der einzelne Mensch wie ein kleines Rädchen im riesigen Getriebe.**

Wer behindert ist und seine Rolle in der „Verdienst-Gesellschaft" nicht spielen kann *Foto rechts,* ist ein Außenseiter. Ein gutes Los haben die Frauen und Männer gezogen, die im „Haus am Perlfluß", bei den Teresa-Schwestern, eine Heimat gefunden haben.

歡
喜
蛇讌
海鮮
酒
家
威
歡喜蛇讌海鮮酒家
HAPPY SEAFOOD RESTAURANT
好景茶餐廳
543 3885 FAX 544 1152
忠友

lernen. Im Heim der Liebe sind alle willkommen."

Seit rund 35 Jahren gehört die Malteserin zu den Schwestern der Mutter Teresa. In deren Auftrag reiste die Regionaloberin von Hongkong nach Vietnam und Kambodscha. „Sechs Plätze, wo wir arbeiten können, wurden uns in Vietnam sofort angeboten." Victorias Augen hinter der dicken braunen Hornbrille strahlen. „Und wir sind ganz selbstverständlich in unse-

rem Ordenskleid gereist. Niemand hat unser Gepäck kontrolliert, niemand Fragen gestellt. Das war ein Wunder in einem kommunistischen Land." Wird sie dorthin gehen? „Mein Platz ist hier, bis die Mutter etwas anderes entscheidet", lautet die bescheidene Antwort der Mittfünfzigerin. Für sie und ihre 13 Mitschwestern aus Indien, Taiwan, Singapur, Korea und den Philippinen bleibt auch in Hongkong mit seinen 5,6 Millionen Einwohnern genug zu tun.

Schwester Maria Lourdes schiebt die alte Missis Wu im Rollstuhl an den Mittagstisch. Geräuschvoll klappern Schüsseln und Stäbchen zur chinesischen Hintergrundmusik. Doch der Lärm stört die philippinische Ordensfrau nicht beim gemeinsamen Tischgebet. 22 Frauen und 50 Männer haben die Schwestern von der Straße in die Geborgenheit des Heimes geholt. Drogenabhängige und Krebskranke, geistig Verwirrte und Taubstumme, Menschen, die niemand haben will.

„I'm thirsty", mich dürstet. Das kleine Pappschild hängt ein wenig windschief am Kreuz der Kapelle im ersten Stock. Hier versammeln sich die dreizehn Schwestern der Missionaries of Charity zu Gebet und Gottesdienst, die ihren Tagesablauf überall auf der Welt bestimmen. Von hier aus ziehen sie durch die schillernde Scheinwelt der Millionenstadt und tauchen rosenkranzbetend hinter die blendende Kulisse.

Ein menschenwürdiges Auskommen, liebevolle Zuwendung und Geselligkeit *(folgende Seiten)*: So geben die Ordensfrauen den Behinderten die Gewißheit, erwünscht zu sein.

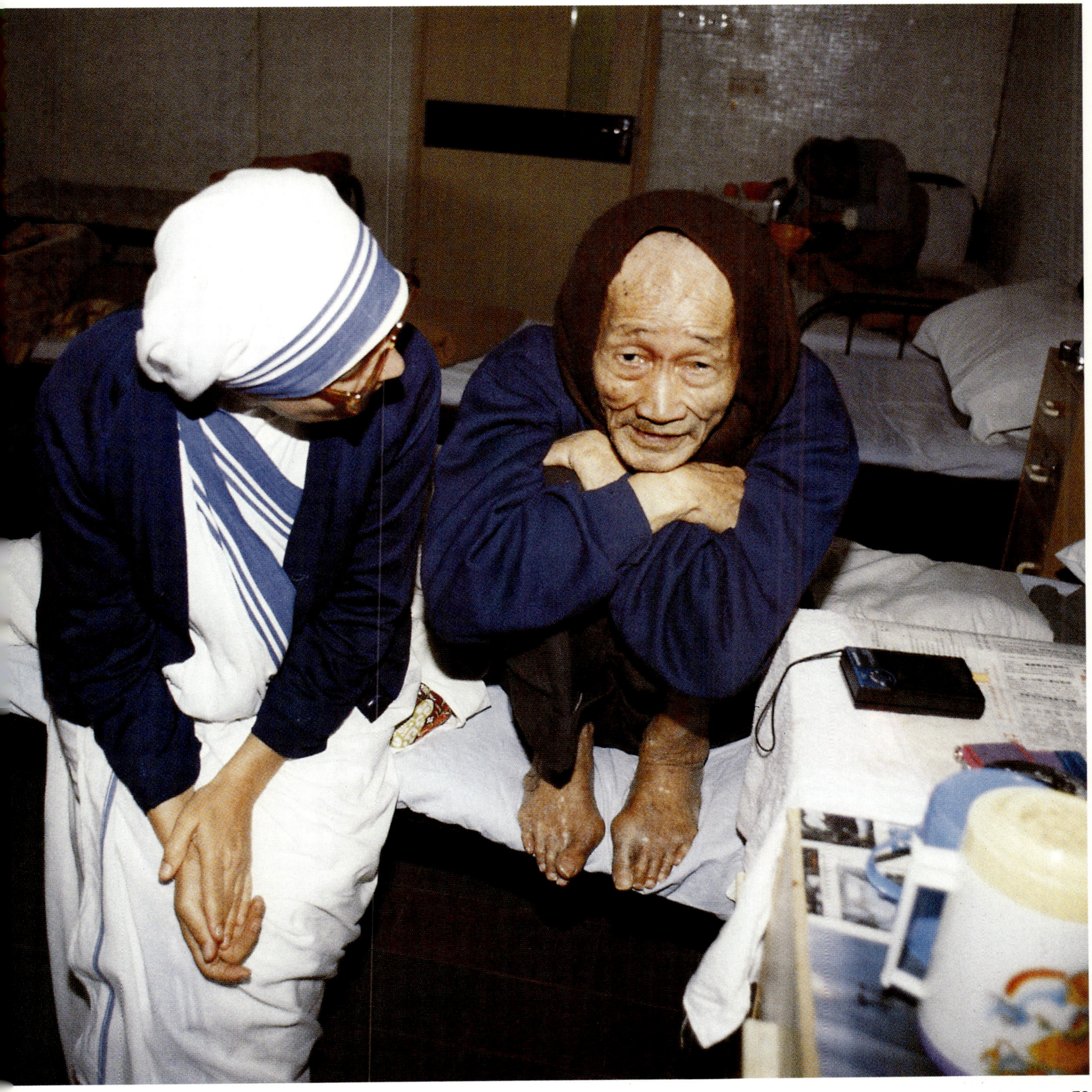

ENGEL
KEHREN HEIM IN DEN HIMMEL

Erbarmen mit AIDS-Opfern: AIDS heißt der Aussatz unserer Zeit. In fast allen Klöstern der Teresa-Schwestern finden AIDS-Kranke ihre letzte irdische Heimat. Zum Beispiel in Abidjan, Elfenbeinküste.

„Die Armen und Kranken sind das Geschenk Gottes; sie verkörpern unsere Liebe. Christus wird nicht fragen, wieviel wir geleistet haben, sondern mit wieviel Liebe wir unsere Taten vollbracht haben.“
Mutter Teresa

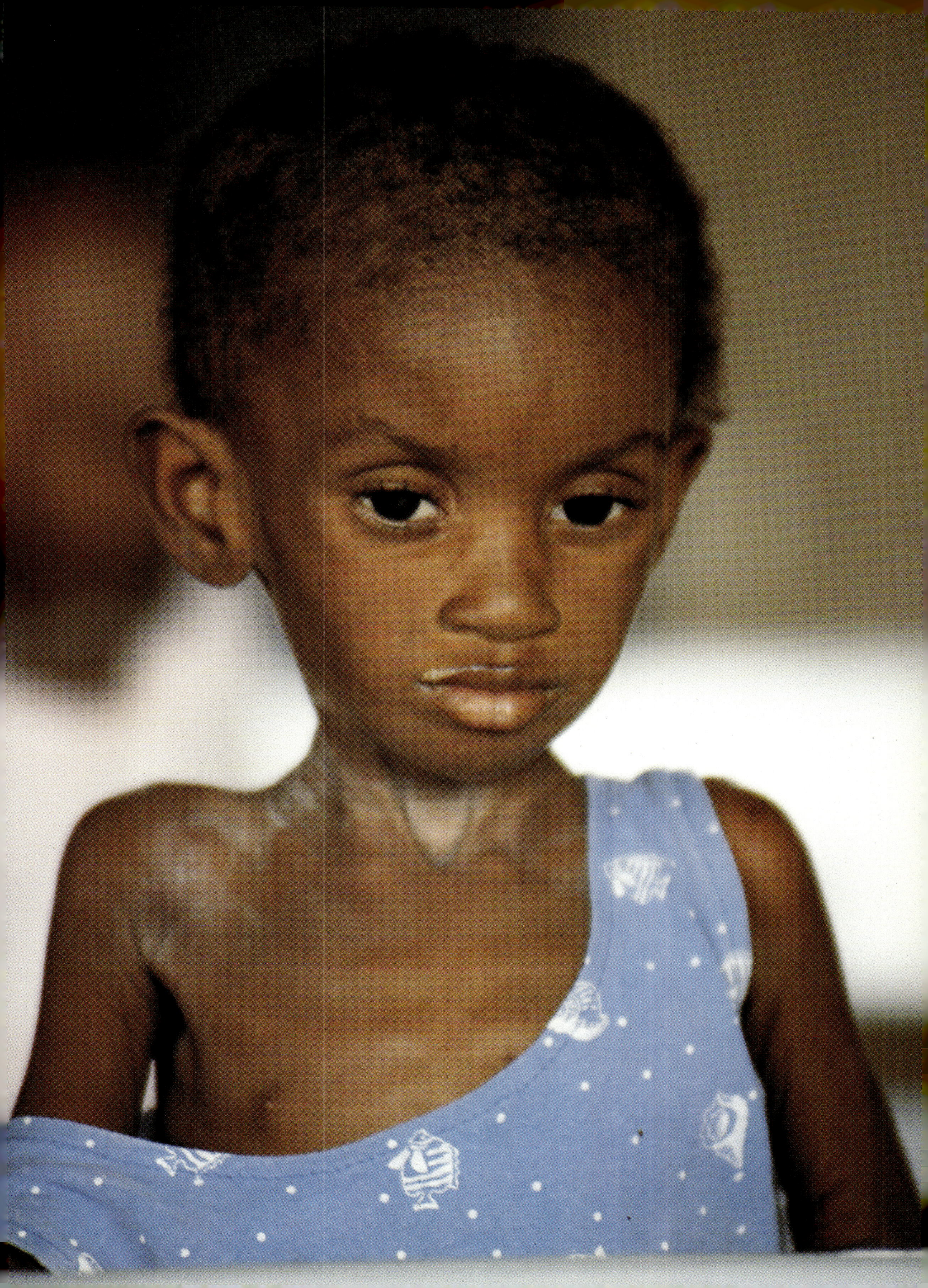

Eine Woche vor dem 7. Dezember soll es verschwunden sein: das älteste und größte Krokodil im Teich des greisen Präsidenten Félix Houphouët-Boigny. „Bamba", so hieß das Tier mit den mächtigen Zähnen, ist nie mehr aufgetaucht – was die Weisen am Hof des Staatschefs als schlechtes Omen deuten mußten: Am 7. Dezember 1993 starb dann auch der dienstälteste afrikanische Präsident nach einer 33jährigen Amtszeit.

„Bedenken sie, daß in meiner Familie noch Menschenopfer dargebracht wurden", pflegte er zu sagen, um den großen Fortschritt greifbar zu machen, den er seinem Land, der Elfenbeinküste, verordnet hatte.

Die Geschichte der Côte d'Ivoire – wie der westafrikanische Staat offiziell heißt – trägt seit den 50er Jahren die Handschrift von Houphouët. Der gelernte Arzt wurde Minister in Paris, 1959 Staatschef der Elfenbeinküste, und er führte sein Land 1960 in die Unabhängigkeit. Während später andere afrikanische Staaten ringsum ins Chaos stürzten, blieb die Elfenbeinküste noch lange ein Schmuckstück: friedlich, wohlhabend, einflußreich. So wie der Präsident selbst: „Mich kann keiner bestechen, dafür bin ich zu reich", soll er gescherzt haben.

Sein Geld war ihm stets zunutze. Opponenten zum Beispiel pflegte er in Privataudienz zu empfangen, „man unterhielt sich ein Stündchen", so ein Franzose, der seit 1960 in der Metropole Abidjan lebt. „Mit gestopftem Mund – hierzu diente ein Umschlag vollgepackt mit Banknoten – zog der Unruhestifter von dannen." Kein Geheimnis ist es auch, daß „der Alte" bis kurz vor seinem Tod jedem Neupriester ein Auto schenkte. – Vielleicht auch ein Grund dafür, daß die Bischöfe der Elfenbeinküste nicht gerade für mutige Hirtenworte bekannt sind.

Was Houphouët geleistet hat, ist in vieler Hinsicht bewundernswert. „Hoch hinaus" hieß sein Ziel. Er wollte es in den 70er Jahren den westlichen Industrienationen gleichtun und im Konzert der Weltwirtschaft eine tragende Stimme übernehmen.

So reckt sich die Skyline von Abidjan hoch in den Himmel. Gleißendes Glas in gewagten Stahlbetonkonstruktionen steht für das Wirtschaftswunder Westafrikas: Die Elfenbeinküste verfügt über ein entwickeltes Straßennetz, Bahn, Busse, funktionierende Telefone und über sauberes Trinkwasser. Da kann kein Nachbarstaat mithalten.

Doch diese Früchte früherer Boomzeiten – als die Weltmarktpreise für Kaffee und Kakao noch satte Gewinne garantierten – werden ungenießbar. Wenige hundert Meter neben dem „Los Angeles Westafrikas" beginnen die Bretterbudensiedlungen derjenigen, die nicht mehr von den früheren Goldgräberzeiten profitieren.

Hier in Koumassi lebt Desiré, 16 Jahre jung; sie gilt als Schönheit. Doch sie hat ihr Leben schon fast hinter sich: Ihren Mann verlor sie durch AIDS, ihr einziges Kind starb im hiesigen Slum-Krankenhaus der Teresa-Schwestern an AIDS. Und sie selbst trägt das Virus auch in ihrem Blut.

Jetzt kümmert sich Desiré um die Kleinen, die die Ordensfrauen in ihre Obhut genommen haben. Donald Duck und seine Freunde zieren die Wände des luftigen und lichtdurchfluteten Neubaus. Liebevoll füttern die Schwestern und ihre Helferinnen die Unterernährten. Viele Behinderte, die alleine keine Woche überleben könnten, haben hier ein Stückchen Himmel im Slum gefunden.

Zum Beispiel Rassel, drei Jahre alt, abgemagert bis auf die Knochen; das kleine Mädchen reagiert sehr langsam, selbst ihr Augenschlag wirkt wie in Zeitlupe. „Rassel ist eben erst gebracht worden", so die Auskunft, „von 20 Kindern, die zu uns kommen, haben im Schnitt 18 AIDS." – An der Stirnseite des Raumes lächeln aus Sperrholz geschnittene pausbackige Putten mit weißen Flügeln. Daneben steht geschrieben: „Engel sterben nicht. Sie kehren heim in den Himmel."

Im Slum-Gebiet Koumassi leben 300.000 Menschen, die meisten stammen aus Ghana, Burkina Faso, Benin oder Togo. Viele von ihnen sind Flüchtlinge, politisch Verfolgte, Gastarbeiter, die hier im früheren Wirtschaftswunderland eine bessere Zukunft erhofften.

Doch was den Ausländern in Koumassi zu schaffen macht, knebelt das ganze Land: Lebten vor drei Jahren

Rechts: **Desiré, 16 Jahre jung, hat ihr Leben praktisch schon hinter sich: Ihren Mann und ein Kind verlor sie an Aids. Und sie selbst trägt das Virus auch schon in ihrem Blut. Jetzt kümmert sich Desiré um Aids-Kinder bei den Teresa-Schwestern in Abidjan, Elfenbeinküste.**

Vorherige Seiten: **Im Gemeindezentrum gegenüber dem Kloster der Ordensfrauen ist am Wochenende die Kirche viel zu klein. Bei Sonnenschein finden die Gottesdienste draußen statt. Das Gebet für die Kranken, vor allem für die Aids-Kinder, ist den Christen ein Zeichen liebender Verbundenheit und Fürsorge.**

noch 30 Prozent der Ivoirer unter der Armutsgrenze, sind es heute 60 Prozent. Kein Wunder: Jeder vierte Einwohner des Landes ist arbeitslos. Und wie überall auf der Welt trifft das Schicksal die Ausländer am härtesten: Von den 12 Millionen Einwohnern sind vier Millionen Fremde.

Neben den Errungenschaften der Moderne sind der Elfenbeinküste also auch die Probleme der 90er Jahre nicht erspart geblieben: Arbeitslosigkeit, Landflucht, Wirtschaftsflaute, Ausländerfeindlichkeit. Und AIDS.

Grund genug für die Teresa-Schwestern, sich in Koumassi niederzulassen. „Seit sieben Jahren", so Schwester Shalom, die irische Oberin, „sind wir hier und kümmern uns vor allem um AIDS-Kranke."

Die Immunschwäche macht den Tod zum täglichen Begleiter. Rund 50 unterernährte Kinder werden im Krankenhaus aufgepäppelt. Bei der Ankunft ist ein AIDS-Test selbstverständlich: „Auch ohne den Laborbericht", so die gelernte Krankenschwester Shalom, „haben wir aus der täglichen Erfahrung einen Blick dafür, wer infiziert ist." – Die meisten der Kinder haben keine Chance, erwachsen zu werden.

Gerade in Afrika entwickelt sich der tödliche Virus zum „Killer Nummer eins": Bis zum Jahr 2000, so Schätzungen der Weltgesundheitsorganisation WHO, werden weltweit 40 Millionen Menschen infiziert sein, 1,8 Millionen würden dann jährlich an der Krankheit sterben. Und allein im Schwarzen Kontinent werden bis zur Jahrtausendwende zehn Millionen AIDS-Waisen ohne ihre Eltern sein.

Die politischen Maßnahmen gegen diese Katastrophe sind bescheiden: Obwohl 85 Prozent aller AIDS-Opfer in Entwicklungsländern leben, entfallen von den 1,5 Milliarden US-Dollar, die weltweit für die AIDS-Vorsorge ausgegeben werden, nicht einmal 200 Millionen auf diese Staaten.

Die Teresa-Schwestern jonglieren nicht mit Zahlen. „Wer an der Krankheit leidet", so ihre tagtägliche Erfahrung, „muß Schmerzen ertragen. Die

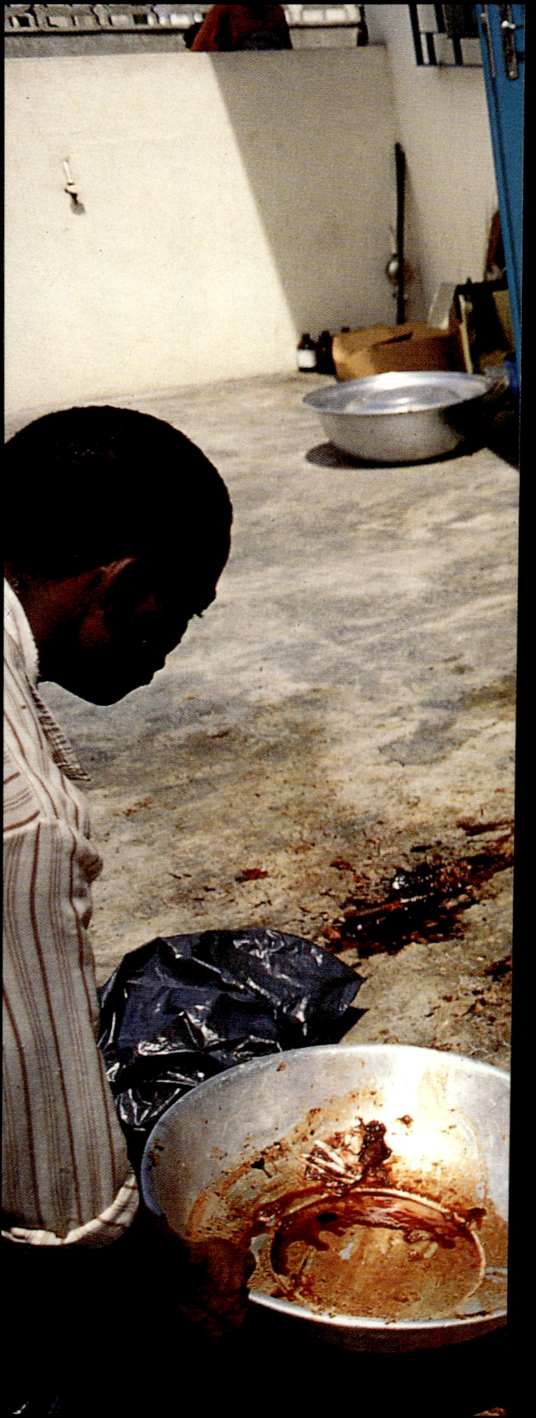

Eine gesunde Ernährung hilft oft kranken Kindern wieder auf die Beine: Aufbaubrei ist das „tägliche Brot", und ein Haifisch, der mit einer Säge zerlegt wird, garantiert Festtagsstimmung bei den Kranken.

Vorherige Seiten: **Die meisten Einwohner von Koumassi in Abidjan sind Ausländer und Flüchtlinge. Ihre Lebensbedingungen sind bescheiden, ihr Bedürfnis nach Hilfe ist groß.**

Kräfte schwinden, und allzu oft verschwinden auch die Freunde. AIDS-Kranke sind die Aussätzigen des 20. Jahrhunderts."

Dieser unmenschlichen Entwicklung setzen sie Taten entgegen. Draußen vor dem Krankenhaus – das eher die Atmosphäre eines Kindergartens ausstrahlt – zerlegen ein paar Helfer mit einer Rahmensäge einen gewaltigen Hai in handliche Portionen. „Eine gesunde Ernährung ist der erste Schritt, den Kranken wieder auf die Beine zu helfen."

Hier werden sie, vielfach zum ersten Mal in ihrem Leben, liebevoll versorgt und gepflegt. Hier ist Zeit zum Gespräch und zum Gebet. „Es ist nicht unsere Absicht zu bekehren", so eine indische Ordensfrau, „aber viele Kranke fragen uns, warum wir ihnen helfen. Dann erzählen wir von Gottes Liebe, die wir weitergeben wollen. Gott sorgt oft dafür, daß Menschen hier innere Ruhe finden, daß sie beten und friedvoll sterben können." Und nach einer Weile wiederholt sie wie für sich selbst: „Wir versuchen, den Menschen zu helfen, friedvoll zu sterben; sie spüren das und sind dankbar dafür."

Doch die Sorge gilt keinesfalls nur den Sterbenden: Lange Schlangen vor dem Krankenhaus und vor der Essensausgabe zeugen von der Hilfsbedürftigkeit vieler, die noch mitten im Leben stehen.

Benno, ein Mitvierziger, ist einer von ihnen. Er stammt aus Togo. „1988 bin ich als Gastarbeiter hergekommen, aber es gab keine Chance auf einen Arbeitsplatz." Ein Freund habe ihn dann angesprochen: „Du hast doch den kleinen Fotoapparat; warum machst Du damit keine Bilder, um sie zu verkaufen?" Diese Idee erwies sich als Goldgrube. Doch das Ende war jäh: „Mein Fotoapparat ist eines Tages hingefallen. Dadurch wurde unser Leben wieder kompliziert. Für Ausländer gibt es keine Arbeit."

Halt findet Benno in der Gemeinde

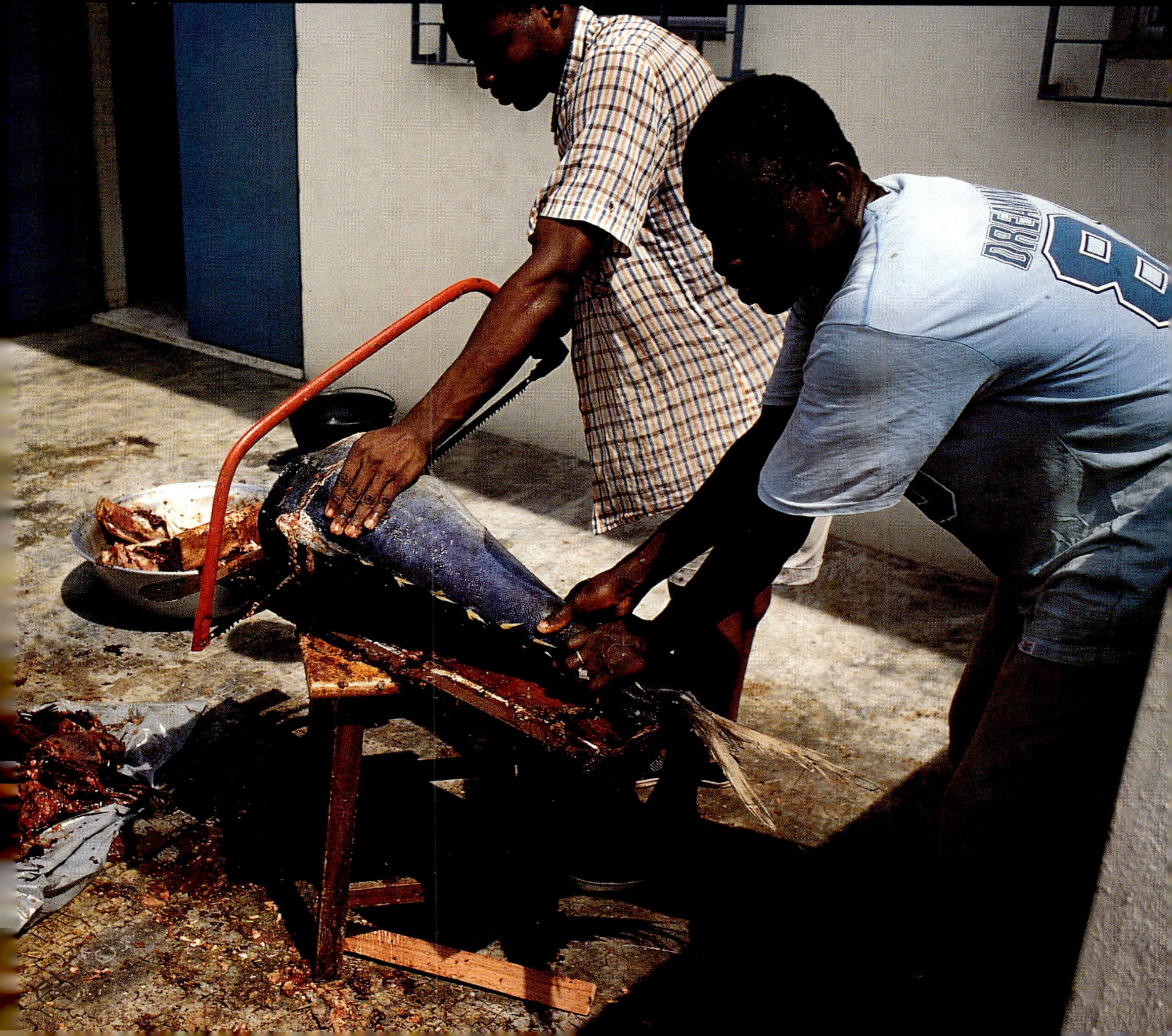

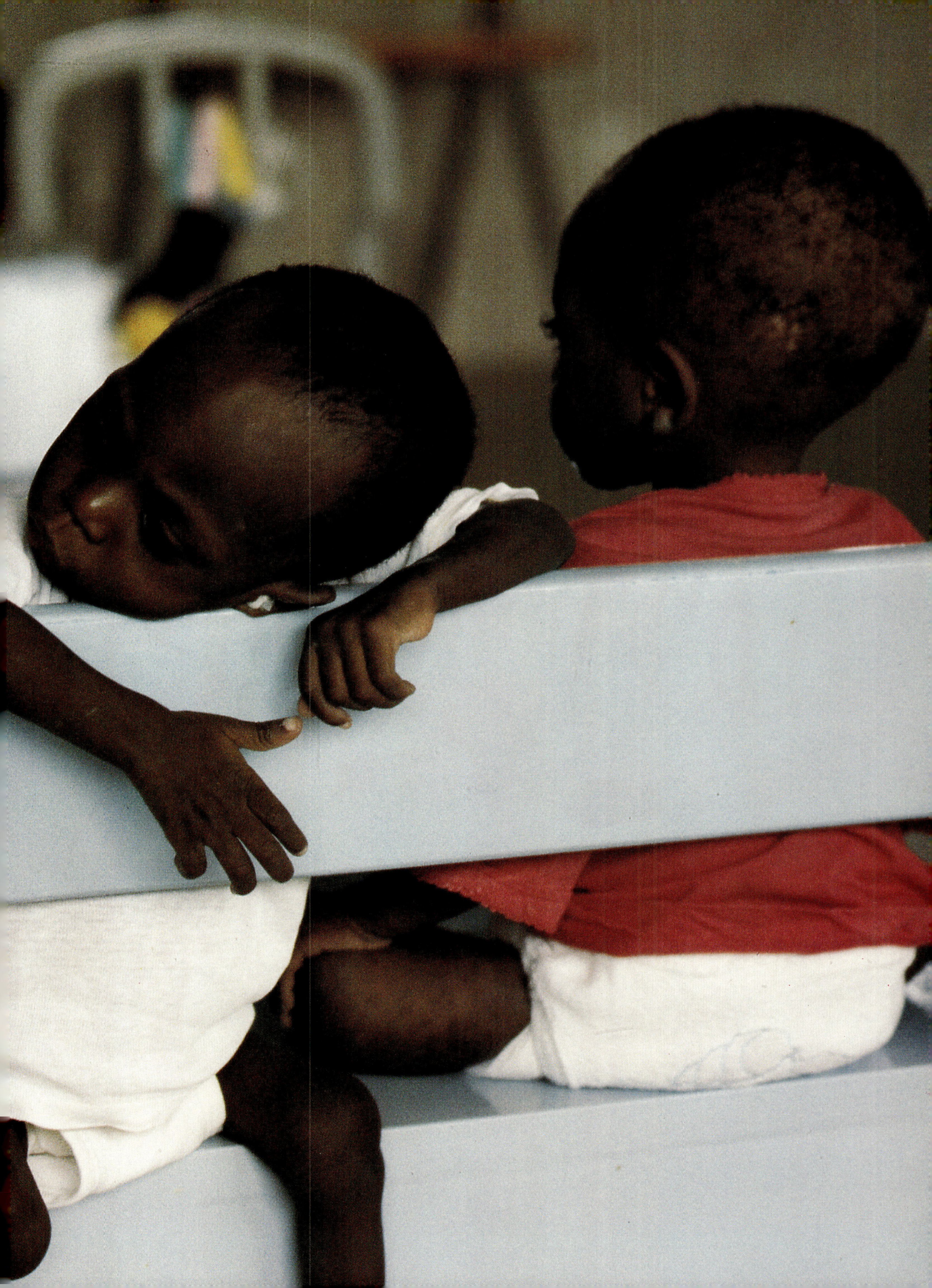

„St. Mariä Himmelfahrt", deren Zentrum sich gleich neben dem Haus der Teresa-Schwestern befindet. Daß die sieben Frauen im weiß-blauen Sari zu den Gottesdienstbesuchern gehören und ihren Platz unter dem großen Mangobaum finden, ist für die Christen aus Koumassi längst eine Selbstverständlichkeit. Sie gehören hierher, und sie kennen fast jedermann, vor allem die Menschen ohne Einkommen.

Eine Folge der Arbeitslosigkeit in der Elfenbeinküste ist die wachsende Kriminalität. Nachts unterwegs zu sein, gilt als lebensgefährlich. „Paßt auf, daß Euch nicht falsche Polizisten massakrieren", ist ein gängiger Ratschlag für Reisende.

Fast überall erstehen deshalb Fetische neu auf, die Angstmacher der alten Tradition gegen gesellschaftliche Mißstände: „Das Gift der Fetischpriester tötet beispielsweise den, der gestohlen hat", erklärt ein Missionar. „Nur die christliche Versöhnung kann die tödliche Spirale der Rache durchbrechen."

Hierfür sind die Teresa-Schwestern ein lebendiges Beispiel: Erstaunlich ist für jeden Besucher ihr liebevoller und immer geduldiger Umgang mit jedem Menschen und der friedvolle Umgang mit dem Tod. Die Ordensfrauen lieben – in jeder Handbewegung sichtbar – „ihre" Kinder, und die Bemerkung „Das ist harte Arbeit hier" quittieren sie mit einem unverständig fragenden Blick. Diese Arbeit ist Lebensglück, das den Schwestern ins Gesicht geschrieben ist. Die Fröhlichkeit im „Kindergarten" und bei den Sterbenden ist nicht aufgesetzt oder anerzogen. „Aus dem Gebet schöpfen wir Kraft, und im Gebet finden wir die Nähe zu Gott."

Kein Wunder, daß Mutter Teresa für ihre Kongregation großen Wert legt auf ein spirituelles Leben; auch in ärgster Not und bei größtem Arbeitsanfall sind jeden Tag unumstößlich Stunden für das Gebet reserviert.

Diese Regel ist einfach. Doch offensichtlich bringt sie einen großen Fortschritt – einen Fortschritt an Menschlichkeit. Wenn er Kreise zieht und Nachahmer findet, kann er sicher den Fortschritt weit übertreffen, den der greise Félix Houphouët Boigny einst der Elfenbeinküste verordnete.

Vorherige Seiten:
18 von 20 Kindern, die unterernährt und krank von den Teresa-Schwestern in Koumassi aufgenommen werden, sind Aids-infiziert.

Die Nähe zu Gott im Gebet gibt den Ordensfrauen die Kraft zu ihrem selbstlosen Dienst. Ganz selbstverständlich nehmen sie sonntags am Gemeindegottesdienst teil; ihren Platz haben sie unter einem großen Mangobaum.

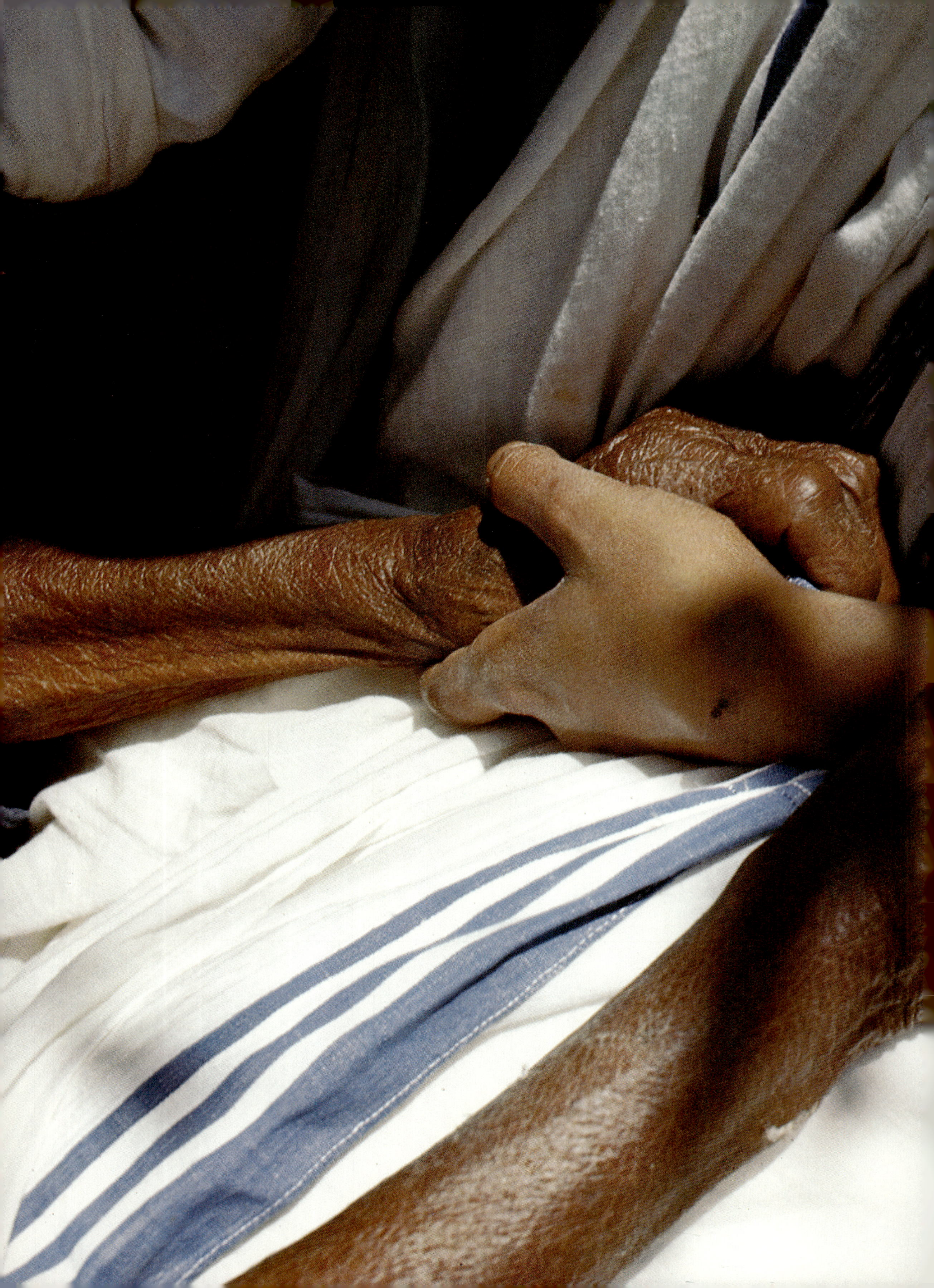

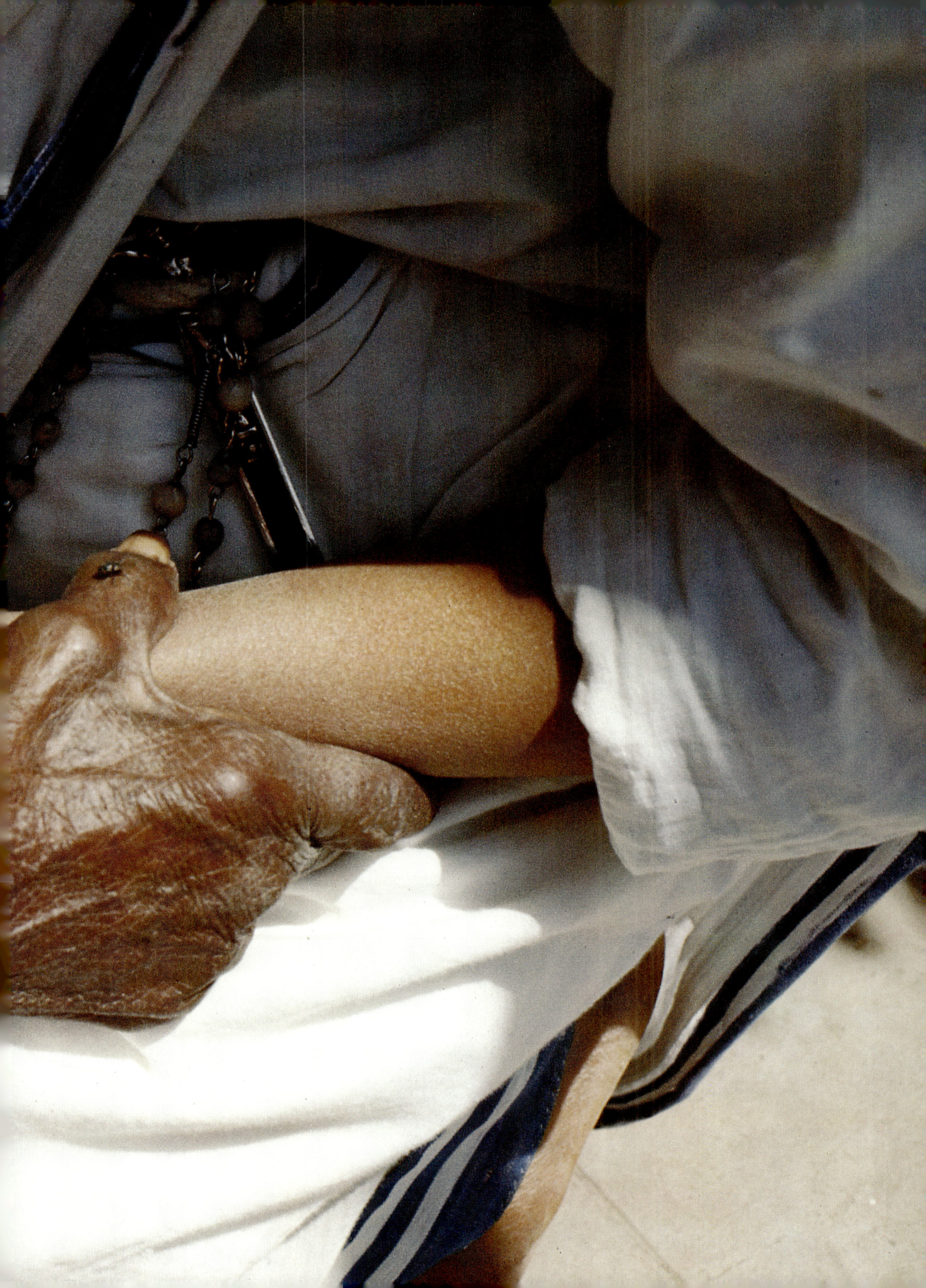

„Jesus ist für mich auch die Prostituierte, die aus ihrem Schicksal befreit werden möchte."
Mutter Teresa

INFERNO
UNTER DEM FEUERBERG

Endstation für Straßenmädchen: Neben der Subic Bay, einem US-Militärstützpunkt auf den Philippinen, sorgten sich Teresa-Schwestern um Prostituierte und um Waisen aus dem Rotlicht-Milieu. Bis der Pinatubo seine Asche 20 Kilometer hoch in die Atmosphäre spuckte und eine Region verwüstete.

Lorifa de la Cruz ist gestern gestorben. An Altersschwäche und an den Strapazen der Flucht vor dem Feuerberg. Heute tragen ihre Verwandten den Leichnam vom Flüchtlingslager aus „nach Hause", um ihn zu begraben.

In der sengenden Mittagsglut machen sich Jung und Alt auf den Weg. Sie waten zwei Stunden lang durch Asche, Sand und Sumpf, den weißen Sarg auf den Schultern, das Prozessionskreuz voran.

Der Drang nach Hause ist ungebrochen, und die Tatsache, daß Colkol, ihr Heimatdorf, jetzt unter einer 50 Meter dicken Ascheschicht liegt, ist kein Grund, die Verstorbene in fremder, ungeweihter Erde zu bestatten.

Die Region um den philippinischen Pinatubo hat dramatische Wochen hinter sich. „Den 15. Juni 1991 werde ich nie vergessen", ist sich Pater Francis O'Kelly sicher, ein irischer Missionar, der seit 1961 auf den Philippinen arbeitet. „Es war wie beim Untergang der Welt. Ich hatte furchtbare Angst."

Der Untergang der Welt sei gekommen, glaubten die Menschen in der Nähe des Pinatubo, als der Vulkan 1991 Asche spuckte. Die Regionen gleich neben dem Berg sind völlig verwüstet. Einige Kilometer weiter, wo Häuser nur halb zugeschüttet sind, besteht Hoffnung, daß durch die weiße Asche eines Tages wieder Pflanzen wachsen.

Was war geschehen? „Angefangen hatte es schon drei Tage vorher. Ich saß in meinem Pfarrhaus und schrieb einen Brief“, erinnert sich der Priester. Plötzlich habe es draußen Geschrei gegeben. „Die Menschen liefen zusammen und zeigten mit den Händen in die Höhe: Eine riesige Wolke, wie ein Pilz, stand am Himmel über dem Vulkan Pinatubo.“ Bald darauf habe ein leichter Aschen-Regen eingesetzt, „die Menschen gerieten in Panik, rannten in ihre Häuser, und plötzlich standen wir in totaler Dunkelheit.“ Die dauerte anderthalb Stunden, „lange anderthalb Stunden in absoluter Stille. Da stieg Angst in mir auf, Angst vor diesem Berg.“

Das war aber erst der Anfang. „Am 15. Juni wurden wir um 8.30 Uhr in eine totale Finsternis getaucht. Plötzlich wechselten für Stunden Erdbeben, Blitze und Donner, und immer wieder Erdbeben, Blitze und Donner. Ich war in meinem Pfarrhaus und begann Tagebuch zu schreiben, weil ich glaubte, bald im philippinischen Pompeji zu sterben. Wir wurden mit Asche und Felsbrocken bombardiert, zugedeckt.“

Pater O'Kelly hat den Ausbruch des Feuerberges Pinatubo auf der philippinischen Hauptinsel Luzon überlebt. Doch mit ihm wurden 600.000 Menschen obdachlos. In einem Umkreis von knapp 30 Kilometern war alles Leben erloschen. Tiere waren geflohen oder verendet, Pflanzen verschüttet; allein 80.000 Hektar Reisfelder liegen heute noch unter einer meterdicken Ascheschicht.

Das Dorf der verstorbenen Lorifa de la Cruz – im tiefen Tal des Bocau-Flusses gelegen – war, wie hunderte andere Ortschaften, von grauen Bimslawinen überrollt worden. Aschemassen füllen jetzt die Senke, so daß sich das Flußwasser als graue Brühe einen Weg durch die neu entstandene Ebene sucht.

Vom Hubschrauber aus gesehen, gleicht die Region einer Alpenlandschaft mit unermeßich viel Schnee. Ein graues Etwas füllt Täler, die früher 300 Meter tief und 500 Meter breit waren. Ebenen sind entstanden, wo vorher zerklüftete Berghänge grünten. – Eine Landschaft wie mit unermeßlich viel Schnee, der aber nie schmelzen wird.

Amerikanische Militärs haben die Katastrophe minutiös auf Film gebannt: Den Aschepilz, die Flucht der Soldaten aus der Clark-Luftwaffenbasis, den Zusammenbruch von Flugzeughangars und Betonhäusern unter der Aschelast... Den US-Kämpfern bleibt keine Wahl: Sie müssen Clark widerstandslos aufgeben.

Nicht weit von hier erleben auch Schwestern vom Orden der Mutter Teresa den schwersten Vulkanausbruch der vergangenen 200 Jahre. Gleich neben dem Marinestützpunkt Subic Bay, der ebenfalls stark in Mitleidenschaft gezogen ist.

An das frühere muntere Leben im Kloster von Cabalan erinnert noch eine Voliere, in der buntgefiederte Vögel zwitschern und von Ast zu Ast hüpfen. „Die Kinder hatten immer soviel Freude an den Tieren“, so die drei noch hiergebliebenen Schwestern. Sie leben, knapp ein Jahr nach dem Ausbruch des Pinatubo, in Ruinen. „Als das Dach im Kinderhaus zusammenstürzte“, erzählt Schwester Margoaie, eine Inderin aus Kalkutta, „lebten dort 40 der Kleinen.

Wie durch ein Wunder wurde niemand verletzt oder getötet“, und mit einer weit ausholenden Geste beschreibt sie einen Bogen über die zum Teil noch stehenden Seitenwände des Hauses: „Das Dach hing unter der Aschelast tief herunter, aber es hielt genau so lange, bis wir das letzte Kind herausgetragen hatten.“

Für die Ordensfrauen war es „ein Wunder“. Auch in dem Haus, wo die erwachsenen Kranken untergebracht waren, sei niemand zu Schaden gekommen. Zwei der Gebäude im Klosterareal sind bis auf die Grundmauern zusammengestürzt.

Ob die Teresa-Schwestern hier neubauen oder ob ihre Arbeit überflüssig wird, ist noch unklar: „Wenn die amerikanischen Militärs abziehen, werden wir in Cabalan nicht mehr gebraucht“, so die Einschätzung der Oberin. Der Grund: Die meisten der „Kloster-Kinder“ sind Waisen aus dem Club-Milieu, Kinder von Prostituierten, für die es keine Familie gab. Und viele der Erwachsenen im Kranken- und im Sterbehaus waren Frauen, die durch den Verkauf ihres Körpers an amerika-

Vorherige Seiten:
In Subic Bay, einem amerikanischen Militärstützpunkt im Einzugsgebiet des Pinatubo, versuchten Frauen durch die Arbeit im Club-Milieu zu überleben.

Nur so konnten sie dem Dasein im Elendsviertel *(links)* entkommen.

nische Soldaten zu überleben versuchten. – Das Kloster neben der Subic Bay: Ein Hafen für menschliches Strandgut im Gefolge der westlichen Militärpräsenz.

„Die Frauen aus den Bars waren oft nicht älter als 30 Jahre“, so Schwester Margoaie. Dann litten viele schon an Krebs oder an Tuberkulose, viele waren nicht mehr attraktiv genug im Rotlicht-Milieu.“ Für ihre Kinder wurde das Kloster zur ersten Heimat, und für manche Mütter zur Sterbehalle. „Ich habe selten Menschen so friedvoll sterben sehen wie diese Mädchen“, erinnert sich die indische Schwester, „sie hatten hier wirklich Frieden geschlossen mit Gott.“

Der Ascheregen des Feuerberges hat dem Elend der organisierten käuflichen Liebe ein jähes Ende gesetzt; Kinder und Patienten aus Cabalan sind in ein großes Kloster nach Tondo umgezogen.

Tondo, ein Stadtteil Manilas, ist wie eine Kloake, in die man Menschen sperrt. Was sich hier an Schmutz und Elend türmt, übersteigt jedes Vorstellungsvermögen. Ehemalige Straßen ersticken im Müll, in Schlaglöchern stinkt knietief brackiges Wasser, eine ganze Region ist von einer Feuersbrunst schwarzgefegt, geblieben sind nur ein paar Metallteile und Asche. Gleich neben einem Schienenstrang ist das „Privat“leben öffentlich: Blech- und Pappwände schaffen Fünf-Quadratmeterräume für Großfamilien, gebaut auf Stelzen, die in einer braunen Brühe fußen.

Schwester Gerti aus Bangladesch und Schwester Franziska aus Singapur ziehen ihre Runde durch das Viertel. Auf dem Schienenstrang stoppt eine Gruppe von Demonstranten den Verkehr: Die Regierung will die Hütten der Armen niederwalzen. – Eine Form der „Sozialpolitik“, der die Teresa-Schwestern ihre „Erste Hilfe“ in Form von Armenessen, medizinischer Versorgung und liebevoller Zuwendung entgegensetzen.

Am Straßenrand sitzt bettelnd Frederico, der schon im Sterbehaus war, überlebt hat und es jetzt vorzieht, für sich selbst zu sorgen. Freudig erregt ergreift er die Hand von Schwester Franziska und führt sie an seine Stirn:

Gleich neben Subic Bay gründeten die Teresa-Schwestern ein Kloster: Für Prostituierten-Kinder wurde es zur ersten Heimat, und für kranke Frauen aus dem Rotlicht-milieu war das Kloster die erste Anlaufstelle; für viele wurde es zur Sterbehalle.

die hiesige Sitte, sich segnen zu lassen. „Schwester, wenn es mir wieder schlechter geht, nehmt mich bitte auf", sagt er mehrmals, und er strahlt über das ganze Gesicht, voll Dankbarkeit und voll Stolz, diese Frauen zu Freunden zu haben.

In Tondo bilden die Missionaries of Charity Novizinnen aus. Ein „Härtetest", vermutet jeder Fremde. Doch Schwester Olivette aus Indien – schon seit neun Jahren für die Betreuung der „Neuen" verantwortlich – erwähnt auf die Frage nach den Ausbildungszielen gar nicht die Sozialarbeit, nicht den Dienst an Sterbenden oder die Gespräche mit verzweifelten Prostituierten. „Vor allem müssen die Mädchen beten lernen." – Ein Programm, das sich zu bewähren scheint, denn „über 80 Prozent der Mädchen, die ihre Ausbildung im Orden beginnen, bleiben für immer". Zur Zeit leben hier 39 Novizinnen.

Den Anstoß, ein Leben im weißblauen Sari zu beginnen, gibt immer das Beispiel der Ordensfrauen. Für die Oberin des Klosters in Tondo, Schwester Maria Christopher aus Indien, war es Mutter Teresa selbst: „Ich arbeitete als Krankenschwester", erinnert sie sich, „als ich einmal im Fernsehen sah, wie Mutter Teresa einen Sterbenden aus der Gosse holte. Da wußte ich: Das ist die Arbeit, die ich tun möchte."

Ähnlich ist es Schwester Franziska ergangen. Vor gut neun Jahren hat sie Singapur verlassen, jetzt bereitet sie sich auf ihre ewigen Gelübde vor. Und auf ihren ersten Heimaturlaub. „Die Arbeit ist hart, aber schön", so lachend ihr Kommentar zum Ordensleben.

Nach dem Fall des US-Stützpunktes unter der Aschelast des Pinatubo sind die Teresa-Schwestern von Subic Bay nach Manila umgezogen. Hier sorgen sie sich im Slumgebiet Tondo um die Menschen, die auf Hilfe angewiesen sind.

„Sie können nicht lächeln, wenn Sie nicht beten. Deshalb müssen wir versuchen, das Gebet wieder in das Familienleben zurückzubringen. Aber das Gebet gerät mehr und mehr in Vergesssenheit, und dies ist auch die eigentliche Ursache dafür, daß so viele Leute sich verloren fühlen."
Mutter Teresa

GEBET BEDEUTET LEBEN

Heißer Draht zum Himmel: Der Glaube kann Berge versetzen. – Eine Bibelweisheit, die in unserer auf Rationalität getrimmten Gesellschaft kaum noch Bedeutung hat. Mutter Teresa zeigt, daß das Gebet tatsächlich das beste Mittel ist, „Berge zu versetzen": seelisch gesund zu werden, Angst zu überwinden, sich und andere glücklich zu machen.

Vorherige Seiten: **Das westliche „Versicherungsdenken" ist den Teresa-Schwestern völlig fremd. Sie vertrauen ganz auf die Hilfe Gottes und leben in der Überzeugung, daß Gott ihnen alles gibt, was sie für ihren Dienst brauchen. Im Gebet erfahren die Ordensfrauen die Nähe Gottes, hier finden sie innere Ruhe und schöpfen Kraft für ihren Dienst an den Ämsten.**

Die deutsche Schwester Andrea *(rechts)* hat jahrelang mit Mutter Teresa eng zusammengearbeitet. Ihre Erfahrung: „Gott sorgt gut für uns!"

Flughafen Bombay. In der Abfertigungshalle geht es wie immer hektisch zu. Europäische Manager verhandeln mit ihren indischen Partnern, Mütter rufen nach ihren herumtollenden Kindern, und Flugbegleiterinnen beruhigen verängstigte Inder, die zum ersten Mal einen Jet besteigen.

Plötzlich gilt alle Aufmerksamkeit einer Frau, die, begleitet von mehreren Schwestern, die Halle betritt. Man steckt die Köpfe zusammen und grüßt ehrfürchtig. Selbst die an ihrer Kleidung erkennbaren Muslime und Sikhs in der Wartehalle nicken ergeben und respektvoll in Richtung jener Frau im weißblauen Sari, die weit über die Grenzen des indischen Subkontinents hinaus bekannt geworden ist: Mutter Teresa.

Als ich ihr die Hand drücke, geht ein Lächeln über ihr Gesicht. „Kennen wir uns nicht aus Addis Abeba?" fragt sie zögernd und ruft damit Erinnerungen an jene Tage wach, in denen die einst blühende äthiopische Hauptstadt im Strudel der Revolution zu versinken drohte. Kubanische und russische Soldaten blockierten damals die Ausfallstraßen der Stadt. Der äthiopische Kaiser war abgesetzt, Bauern-Brigaden, von den neuen Machthabern eilig eingesetzt, zogen plündernd und mordend durch die City.

Mitten in diesem Chaos war Mutter Teresa ihren Schwestern zu Hilfe geeilt, die sich um die schutzlosen Waisenkinder kümmerten, welche von der blutigen Revolution „geboren" wurden. In einem Schuppen wimmelte es von weinenden Kindern, die ihre Eltern verloren hatten. Hier traf ich damals die nimmermüde Ordensfrau und Nobelpreisträgerin. Sie sprach den vielen Sterbenden ein Wort des Trostes zu, betete mit ihnen und half ihren Mitschwestern, „Rosen für die letzte Reise" auf die in Leinen gehüllten Leichen zu legen, wie es in allen Sterbehäusern der „Missionaries of Charity" üblich ist.

Ohne sich in ihrem Dienst stören zu lassen, fragte Mutter Teresa nach unseren Plänen. Wir wollten einen vorgeschobenen Außenposten der Mission erreichen, wo deutsche Schwestern völlig abgeschnitten von der Außenwelt um ihr Leben bangten. Alle hatten uns abgeraten, in diesen Tagen die Fahrt anzutreten. Nur Mutter Teresa nicht. Im Gegenteil: „Ihr wißt doch", sagte sie aufmunternd, „daß ich die ganze Zeit mit meinen Schwestern für euch beten werde. – Also, worauf wartet ihr noch?"

Wir erlebten die schlimmste Reportagefahrt unseres Lebens und kamen heil zurück.

Als wir Tage später Mutter Teresa all unsere abenteuerlichen und schrecklichen Erlebnisse erzählen wollten, legte sie nur ihren Finger auf die Lippen und – sagte mit einem vieldeutigen Lächeln: „Ich habe doch versprochen, daß ich mit meinen Schwestern für euch beten werde!"

Zum lieben Gott scheinen Mutter Teresa und ihre Schwestern eine ganz besondere Beziehung zu haben. Dies wird schon rein äußerlich deutlich am „Unternehmen", an der „Welt-Firma" der Missionaries of Charity:

1952 beginnt Mutter Teresa mit ihren ersten Weggefährtinnen die Arbeit in der „Sterbehalle", dem Kali-Tempel in Kalkutta. Seit den 70er Jahren dann „expandiert" ihr Lebenswerk sprunghaft: Neugründungen überall auf der Welt. Bis heute haben sich über 4.600 Frauen dem „Unternehmen" verschrieben, freiwillig, in größter Armut, lebenslänglich. Sie arbeiten inzwischen in über 539 „Filialen" in 107 Ländern. Die finanziellen Aufwendungen sind enorm: Überall versorgen die

Frauen täglich hunderte Hungernde mit Lebensmitteln. Kostenlos pflegen sie Kranke. Sterbende finden einen Tod in Würde. Waisenkinder werden aufgepäppelt, liebevoll großgezogen oder zur Adoption vermittelt. Allein in Indien werden mehr als 40.000 Leprakranke beherbergt.

Nie fehlt es an Geld, obwohl Mutter Teresa jede Spendenwerbung ablehnt. Und es gibt keine Nachwuchssorgen in dem Orden, dessen Regel zu den strengsten in der katholischen Kirche zählt.

Die Erklärung, die Schwester Lumina in Berlin für dieses Phänomen gibt, ist einfach: „Gott weiß, was wir nötig haben. Er sorgt dafür, daß wir immer genug haben, um die Ärmsten der Armen zu versorgen." – Eine Lebenshaltung, aus der ein überwältigendes Gottvertrauen spricht, ein radikaler Glaube, der an die biblischen „Lilien des Feldes" erinnert, der mit dem westlichen „Versicherungsdenken" nichts mehr gemein hat.

Mehr noch als an den äußeren „wirtschaftlichen" Zahlen läßt sich die Gottesnähe der Teresa-Schwetern im persönlichen Kontakt erspüren. Fröhlich versorgen sie Sterbende und AIDS-Kranke, Krüppel und Lepröse. Es gelingt ihnen ganz offensichtlich, in den Kranken dem leidenden Christus zu begegnen. „Diese Art zu sehen", so Mutter Teresa, „verwandelte Pater Damianus in den Apostel der Leprakranken und den heiligen Vinzenz von Paul in den Vater der Armen." Und weiter erläutert die „Mutter": „Diese Art zu sehen veranlaßte den heiligen Franz von Assisi kehrtzumachen, als er beim Anblick eines völlig entstellten Leprakranken fliehen wollte, sich zu überwinden und das schauerliche Gesicht zu küssen – was ihn mit einer unsagbaren Freude erfüllte."

Und in ihrer theologischen Ausdrucksweise erklärt sie diese Freude, die jeder empfinden könne, der sich so auf den leidenden Christus einläßt: „Das echte innere Leben bewirkt, daß das aktive Leben hell brennt und alles verzehrt. Es hilft uns, Jesus in den finstersten Löchern der Barackenviertel zu finden, im jammervollsten Elend der Armen, den nackten Gott-Menschen am Kreuz."

Der sterbende Christus spielt folgerichtig in der Spiritualität des Ordens eine ganz zentrale Rolle: „Mich dürstet" steht in allen Kapellen der Kongregation neben dem Kreuz geschrieben.

Vor dem Bild des leidenden Christus treffen sich die Frauen mehrmals täglich zum Gebet. Auch bei größtem Arbeitsanfall und in ärgster Not.

Über die Bedeutung der Zwiesprache mit Gott für Mutter Teresa erzählte im November 1990 die deutsche Schwester Andrea in einem Interview mit der Illustrierten „missio aktuell". Der Zeitpunkt für dieses Gespräch war ein bemerkenswerter: Kurz zuvor, im September, hatte das Generalkapitel des Ordens Mutter Teresa erneut zur Oberin gewählt; gerade erst war sie von einer schweren Herzschwäche und von der Einpflanzung eines Herzschrittmachers mühsam genesen. Schwester Andrea, die seit Jahren dem engsten Führungskreis um Mutter Teresa angehört hatte, war während der Krankheit nie von der Seite der Mutter gewichen.

Wir treffen Schwester Andrea in der Park Road Nummer 90 in Kalkutta. Dieses Haus, eher vornehm als ärmlich, ist nicht gerade typisch für die Kongregation. „Gott sorgt gut für uns", erläutert die Deutsche zuerst in ihrer Muttersprache, von der sie dann ins Englisch überwechselt, „die Mutter brauchte in diesem Stadtteil ein Haus, wir haben lange dafür gebetet, konnten aber keines finden. Bis es ihr eines Tages völlig unerwartet als Geschenk angeboten wurde."

Zu Gott haben die Schwestern eine ganz besondere Beziehung: Auch bei größtem Arbeitsanfall und in ärgster Not sind für sie die Stunden des Gebetes unantastbar. Die Meditation und die Zwiesprache mit Gott bilden das Grundgerüst im Tagesablauf der Ordensfrauen.

Der Grund ist überraschend: „In diesem Gemäuer hatte es seit Jahren kein Eigentümer und kein Mieter länger als ein paar Tage ausgehalten. Hier wohnten angeblich Geister." Mutter Teresa habe das Geschenk angenommen, „weil Gott es so wollte", – auch wenn dieses Haus zum Teil mit Marmor ausgekleidet ist. „Die Mutter nimmt keine Rücksicht darauf, was die Leute reden könnten."

Seit 1959 arbeitet Schwester Andrea mit Mutter Teresa, seit den Zeiten, als noch fast niemand die spätere Nobelpreisträgerin kannte. „Es kommt mir vor, als wenn das erst gestern gewesen wäre", resümiert die Ordensfrau, die mit bürgerlichem Namen Barbara Bonk geheißen hat, diese Phase ihres Lebens: „Gott hat immer für alles gesorgt." Es gebe in der Kongregation zwar nie kostspielige Projekte, aber immer sei die Arbeit der Schwestern eine solche „Werbung" gewesen, daß genügend Nachwuchs und genügend finanzielle Mittel zur Verfügung gestanden hätten. Und mit Blick auf ihr enges Zusammenleben mit der Mutter: „Sie ist wie ein Katalysator; wer sie erlebt, fühlt, wie nah sie bei Gott ist."

Nach weiteren konkreten Beipielen gefragt, erzählt Schwester Andrea: „Es passiert soviel, was völlig unerklärlich ist. Krebsfälle werden geheilt. Mutter benutzt ihre Hände, ganz spontan. Sie spricht nicht über diese Dinge, absolut nicht. Mir wird das aber immer mehr klar."

Die Frau mit dem noch fast jugendlichen Gesicht, in das eine tiefe Lebensfreude geschrieben ist, kommt ins Erzählen. „Die Mutter hat die Gabe, die Orientierung des Menschen auf Gott auszurichten. Sie macht Menschen bewußt, daß Gott in ihnen und mit ihnen ist." Speziell in Indien hätten

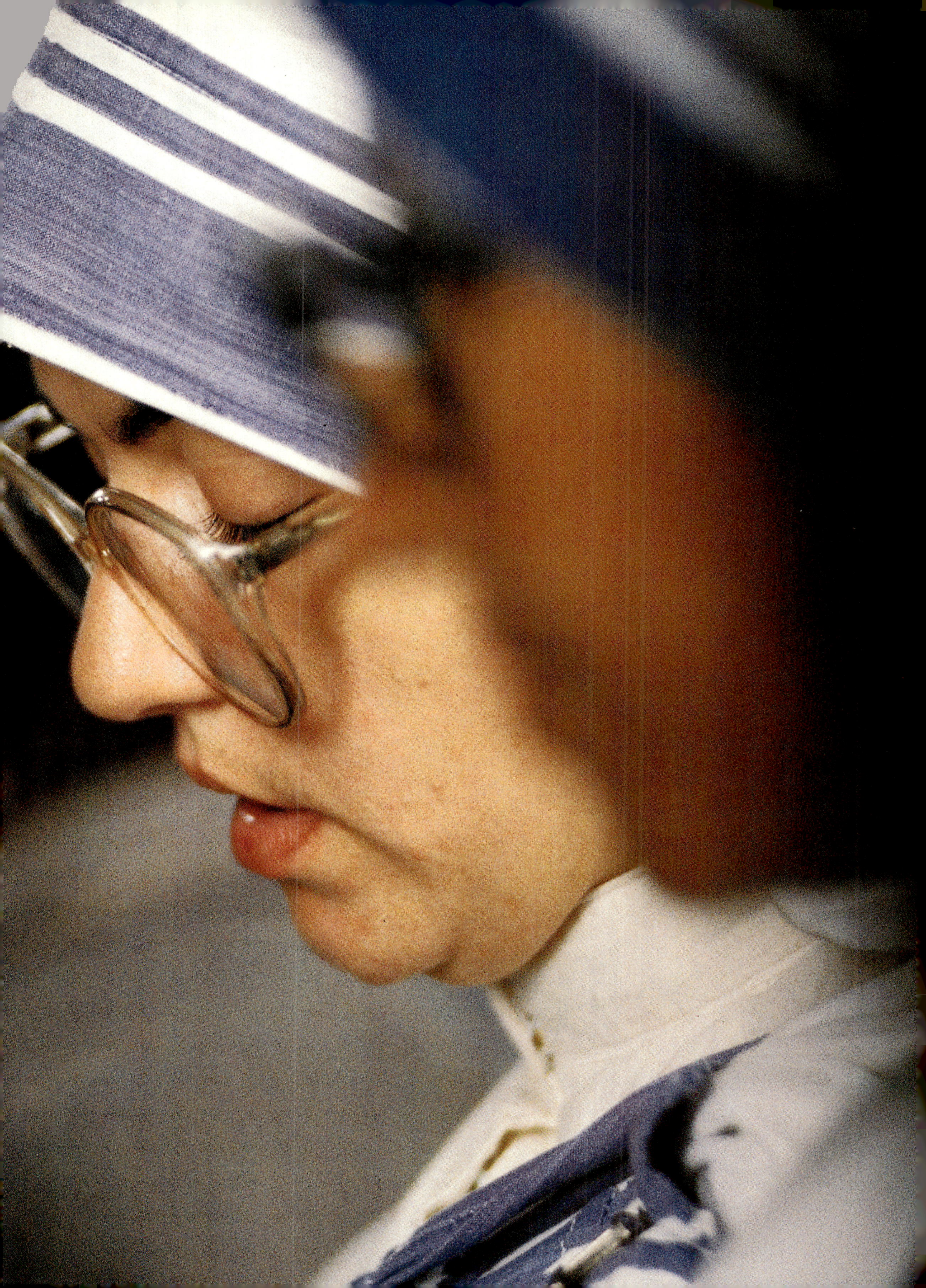

viele ein Gefühl für Übernatürliches. „Sie spüren, da gibt es etwas ganz Herrliches zwischen ihr und ihrem Gott."

Immer sei es Mutter Teresas Anliegen, den Menschen Gott näher zu bringen. Auch nach ihrem Herzinfarkt, als sie tagelang im Todeskampf gelegen habe: „In einer Zeitung war eine Karikatur abgebildet: Vor einer Kirche, einer Pagode und einer Moschee, – die Gotteshäuser standen nebeneinander – beteten unzählige Menschen mit erhobenen Händen zu Gott. Darunter der Text 'Gott schütze unsere Mutter!'" Hierüber habe sie sich so gefreut, daß sie die Zeichnung nach ihrer Genesung dem Papst geschickt habe mit der Bemerkung: „Sehen Sie, Heiliger Vater, es hat sich gelohnt, die Schmerzen auszuhalten. Meine Krankheit hat viele Menschen Gott näher gebracht."

In der Zeit, als sie den Herzschrittmacher bekommen habe, sei sie oft dem Tod sehr nahe gewesen. „Das Herz setzte immer wieder aus.

Mein Gott, was haben wir gebetet!" erinnert sich Andrea. Die Mutter habe keine Medizin gegen Schmerzen genommen und auch keine kräftigende Nahrung. „Als ich ihr einmal Milch und Saft brachte, sagte sie nur: 'Das brauche ich nicht. Die Gesundheit ist ein Geschenk Gottes und nicht das der Ärzte.'"

Immer wieder sei es sehr aufregend, mit ihr zu leben: „Gott greift so machtvoll in unser Leben ein, daß ich mir längst nicht mehr vorstellen kann, ohne ihn zu leben." In allen Unruhegebieten, in denen Schwestern der Kongregation sich um die Verwundeten und Flüchtlinge gekümmert hätten, Beirut und Liberia nennt sie als Beispiele, seien die Frauen im weißblauen Sari unversehrt geblieben. – So wie die beiden Reporter im äthiopischen Bürgerkrieg.

Die Gemeinschaf der Mutter Teres wächst so schne wie wohl kein Industrieunternehmen Ohne Werbung un Nachwuchs un ohne Spendenwerbung. „Nur aus de Kraft des Gebetes' so die Überzeugun der Fraue

KREUZBERG
HİZMET GIDA PAZARI
LEBENSMITTEL-OBST GEMÜSE-FLEISCH
Wrangelstr.
Oppelner Straße

DIE LIEBLINGE VON KREUZBERG

„Heute ist die ärgste Krankheit nicht die Lepra oder die Tuberkulose, sondern das Gefühl, unerwünscht, nicht geliebt und von allen verlassen zu sein."
Mutter Teresa

Suppenküche für Deutsche: Teresa-Schwestern arbeiten nicht nur in materiell armen Ländern. „In Deutschland braucht zwar niemand zu verhungern", so Schwester Lumina in Berlin-Kreuzberg, „aber es fehlen Vertrauen, Liebe und Hoffnung. Das zu geben, ist viel schwerer als Suppe zu verteilen."

U1 Krumme Lank

Wenn die schwere Standuhr mit Westminsterschlag stehenbleibt, ist es wieder soweit. Frau Fröde, 96 Jahre alt, schleppt sich mit ihrer Gehhilfe zum Telefon. Die Nummer steht in großen Ziffern auf einem weißen Zettel: Jetzt können nur die Schwestern helfen. „Wenn die Uhr nicht mehr tickt, habe ich das Gefühl, das Leben ist gleich zu Ende."

Die Schwestern, das sind „die Lieblinge von Kreuzberg"; sieben Frauen vom Orden der Mutter Teresa. Im Berliner „Klein-Istanbul" haben sie ihr Zuhause. Ihre Aufgabe: Da weiterzuhelfen, wo die Uhr des Lebens stillzustehen droht.

In der „St. Josephs Suppenküche", nachmittags geöffnet ab halb vier, geht ein Hüne mit blauer Mütze und Dreitagebart gleich auf Schwester Lumina zu: „Dat find ick aber schade, dat Sie von Berlin wegjehen", gesteht er der Ordensfrau aus der Schweiz seine Zuneigung.

Und mit einer Fanta-Büchse in der Hand dreht er sich zu einem Neuling in der Armenspeisung: „Ick bin der Chaoten-Maxe, dat versoffenste Schwein von janz Kreuzberg." Hinter vorgehaltener Hand fügt er hinzu: „Die Limo-Dose ist nur Tarnung."

An den Resopaltischen der Armenspeisung löffeln heute rund 200 ihre „dicke Suppe". „Diese Menschen kommen nicht unbedingt hierher, weil ihr Magen knurrt", so Schwester Lumina, „in Deutschland muß niemand verhungern; aber sie wollen hier sein, weil sie spüren, daß sie bei uns willkommen sind."

Maxe will heute nicht essen. „Mir ist nicht gut", und wie zur Erklärung zieht er vorne sein Hemd aus der Hose: „Siehste hier die Narbe. Den Magen haben se mir schon vor 13 Jahren rausoperiert."

Auf die Schwestern läßt er nichts kommen: „Die sind mein Heiligtum!" Obwohl er hier schon „viel Scheiße gebaut" hat – „eenmal hab' ick eene Tür injetreten" – „bin ick hier zu Hause". Und wie zur Unterstreichung seines Heimatgefühls breitet er seine Arme aus und weist auf die rund 100 Menschen, die im Garten des Ordenshauses, Wrangelstraße 51, im Nieselregen Schlange stehen: Heute wird Kuchen verteilt, der bei einem Fest in der Berliner High Society übriggeblieben ist. „Hier bin ick zuhause!"

Und mit einem ironischen Lachen beschreibt der Obdachlose die Grenze, die ihn von seiner eigenen Familie trennt: „Meener Mutter jet's dufte, weil se 'ne Menge Kröten hat. Wenn ick se besuche, sacht se immer: 'Jung, du stinkst!' und wenn ick mich uf'm Sofa setzen will, muß ick mir 'n Stück Zeitung untern Hintern legen."

Bei den Schwestern darf Maxe sein, wie er ist. „Finanziell ist in Deutschland ja alles geregelt", so die indische Oberin, Schwester Pauline, „aber oft fehlt die Menschlichkeit." Die versuchen die Teresa-Schwestern zu leben. Völlig unspektakulär, wenn sie sich zum Beipiel mit der U-Bahn auf den Weg machen zu Frau Schulz im Ostteil der Hauptstadt.

Während der halbstündigen Fahrt bis zur Anklamerstraße beten sie gemeinsam im leisen Singsang den Rosenkranz. Ein faszinierter Hobbyfotograf zückt verstohlen seine automatische „Ritschratsch" und bannt die Frauen im weiß-blauen Sari auf seinen Film. Sicher ein Zeichen von Hochachtung vor den Schwestern, denen sonst auch schon mal nachgerufen wird: „Haut doch ab nach Indien!" Hiervon läßt sich aber keine der Frauen beirren: „Solche Sprüche sind nur ein Ausdruck von der tiefen Not der Menschen. Warum soll es uns besser gehen als Christus, der auch verspottet wurde?"

Frau Schulz strahlt übers ganze Gesicht, als sie ihre Wohnungstür im dritten Stock öffnet: „Das ist für mich immer ein kleines Osterfest, wenn die Schwestern kommen!" Mühsam schlurft die 87jährige frühere Krankenschwester zurück in ihr Wohnzimmer, zeigt den Plüsch-Schutzengel, den sie von ihrem Bruder aus dem Westen geschenkt bekommen hat, und erzählt, daß sie zum Fest eingeladen ist. Weihwasser in einer Plastikmadonna steht auf dem Tisch. „Wenn die leer ist, müssen die Schwestern sie wieder füllen."

Nach dem ersten Plausch machen sich die beiden Inderinnen, die heute

Vorherige Seiten und rechts: **Auch in fünf deutschen Städten sind Teresa-Schwestern für Notleidende unterwegs. Zum Beispiel im weithin arabisch geprägten Berlin-Kreuzberg.**

Folgende Seiten: **Nach der Lagebesprechung in der U-Bahn beten die Ordensfrauen gemeinsam den Rosenkranz.**

BAGDAD

Eine gute
Dachten wir auch.
neu: Spectrum.

Die Arbeit der Schwestern in Deutschland ist – äußerlich gesehen – völlig unspektakulär: Holz und Kohlen für eine gehbehinderte Frau schleppen, eine stehengebliebene Uhr wieder in Gang setzten, Essen verteilen, Gespräche führen...

Folgende Seiten: **Neben der täglichen Armenspeisung für rund 200 Menschen betreuen die Ordensfrauen rund 50 Familien und Senioren in Berlin, die irgendwo in den Häuserschluchten der Hauptstadt ihr Dasein fristen und durch die Maschen des sozialen Netzes gefallen sind.**

hergekommen sind, ans Putzen. Die Küche braucht einen feuchten Aufnehmer, die Mülleimer müssen entleert werden, und es ist kalt, der Brikettkasten fast leer. Frau Schulz kann alleine nicht mehr die Treppen steigen, sie lebt wie eine Gefangene in ihren vier Wänden.

Früher hatte sie einen Wellensittich. Der leere Käfig in der Küche hängt immer noch an seinem angestammten Platz. „Wenn ich mal runter könnte", gibt die Berlinerin ihrer Sehnsucht nach Gesellschaft Ausdruck, „dann würde ich mir vielleicht nochmal so einen Piepmatz kaufen." – Gut 50 vergessene Familien und Senioren, die irgendwo in den Häuserschluchten der Hauptstadt ihr Dasein fristen, stehen auf der Besuchsliste der Teresa-Schwestern.

Der soziale Abstieg in Deutschland gleicht manchmal einem freien Fall, und er macht auch vor den sogenannten „besseren Leuten" nicht Halt. Da ist Hans Richter, 51. Bis vor drei Jahren hochdotierter Programmierer bei Siemens. „Damals wurde meine Abteilung dichtgemacht, gerade vor Weihnachten", erinnert er sich, „und es dauerte nicht lange, bis ich meine Miete nicht mehr zahlen konnte."

Der Computerfachmann landete auf der Parkbank und ist heute froh, bei den Teresa-Schwestern getragene Kleidung und eine heiße Suppe zu bekommen. „Ich war einfach mit den Nerven am Ende und hab mich nicht getraut, zum Sozialamt zu gehen." Zur Zeit lebt Hans Richter in einer christlichen Wohngemeinschaft. 520 Mark im Monat sind sein „Überlebensgeld".

Oder Horst Lill, 54. Strandgut der deutschen Wiedervereinigung. „Ich bin Kunstschmied von Beruf", stellt er sich vor, mit sichtlichem Stolz. Doch damit ist sein Selbstbewußtsein auch erschöpft. Gleichsam in sich zusammengesackt, erinnert sich Horst Lill an seine besseren Zeiten: „Vor der Wende war ich an einem Vier-Mann-Betrieb beteiligt. Ich hab Kreuze geschmiedet, Kirchen restauriert, Orgeln repariert, Sargbeschläge gefertigt..."

Heute steckt Horst Lill in getragenen Kleidern aus der Kleiderkammer, und im Nieselregen steht er bei den Teresa-Schwestern Schlange für ein paar Teilchen, die in einer Bäckerei keine Käufer gefunden haben.

„Vor der Wende hab ich für die Freiheit demonstriert, und in der Freiheit haben sie dann unseren Betrieb platt gemacht." Die Miete in der Ost-Wohnung des Kunstschmieds ist von 22 Mark auf 200 Mark gestiegen. „Es dauert nicht mehr lange, dann bin ich obdachlos." – Ob die Schwestern auch hier helfen können?

„Wenn Sie Sozialministerin in Deutschland wären?" Die Frage findet bei Schwester Lumina, die das stille Leid in Berlin wie ihre eigene Kapelle kennt, eine spontane Antwort: „Ich bin froh, daß ich es nicht bin. Soziale Probleme lassen sich nicht immer mit Programmen lösen. Wichtiger ist, daß jeder auf seinen Nachbarn achtet. Dann ist niemand allein."

Schlichte menschliche Zuneigung löst oft Lebensknoten, selbst in scheinbar ausweglosen Situationen. „Die Menschen in Deutschland brauchen mehr als nur eine heiße Suppe", weiß die indische Oberin, Schwester Pauline. Und zur Illustration erzählt sie die Geschichte eines reichen jungen Geschäftsmannes, der vor einem Jahr an AIDS gestorben ist:

Wenige Wochen vor seinem Tod habe er die Schwestern rufen lassen. Er wolle ein paar gute Kleider abgeben. „Wir gingen hin und wurden unfreundlich empfangen: 'Jetzt kommt Ihr und wollt mich bekehren!' schimpfte der Todkranke auf uns ein." Und er habe verlangt, daß die Ordensfrauen für die Spende seine Fenster putzten. „Mein Freund", so die Antwort, „wir brauchen Deine Kleider nicht, aber gerne putzen wir die Fenster." Und sie machten sich an die Arbeit; unter der Forderung des Kranken: „Ich will nichts über Glauben hören!"

Bei einem der nächsten Putz-Besuche redete der Sterbende dann von Mutter Teresa. „Nach und nach entwickelten sich tiefgründige Gespräche. Ich konnte dem Mann eine Medaille schenken, eine der ganz einfachen Medaillen wie Mutter Teresa sie verschenkt. Der Kranke weinte vor Freude, und gleichzeitig vor Schmerz darü-

Mutter Teresa im Kreis ihrer Schwestern: Eine Frau, die in der katholischen Kirche und weit darüber hinaus Maßstäbe dafür gesetzt hat, was „christliche Nächstenliebe" bedeutet. – Danke, Mutter Teresa!

ber, daß er, wie er sagte 'sein ganzes Leben verpfuscht' habe. Er habe nie etwas Gutes für andere getan." Worauf die Schwester ihm klarmachen konnte: „Es kommt darauf an, was Du jetzt tust."

Er hat seine Kleider gegeben, und die Schwestern haben sie angenommen. Kurz darauf „ist der AIDS-Kranke im seelischen Frieden gestorben", und Schwester Pauline hat verstanden, was in seinen letzten Wochen in ihm vorgegangen ist: „Eigentlich wollte er nicht seine Fenster geputzt haben, er wollte in seiner Seele Hausputz halten. Dieser Mann war materiell reich, aber er war der Ärmste der Armen."

Beim täglichen Gebet in der Kloster-Klausur tragen die Schwestern über ihrem indischen Sari dunkelblaue Strickjacken – ein Zugeständnis an die kalte Jahreszeit in Europa. „Mich dürstet" steht wie im Mutterhaus in Kalkutta neben dem Kreuz über dem Tabernakel. „Wir versuchen, den Leidenden zu trinken zu geben", erklärt Schwester Lumina ihre Arbeit. „In der Dritten Welt ist das einfacher als hier in Deutschland: Dort haben die Menschen meist einen liebevollen Rückhalt in ihrer Familie und ein offenes Herz für Gott; es fehlt am Materiellen. Hier aber fehlen Vertrauen, Liebe und Hoffnung. Das zu geben, ist viel schwerer als Suppe zu verteilen."

Dennoch fühlt sich offensichtlich keine der Schwestern von der Bürde dieser Aufgabe erdrückt: „Christus hat alles schwache Typen ausgewählt. Denken Sie an die Apostel!" Erfolg ist deshalb auch ein Fremdwort für die Schwestern, und Bekehrungszahlen interessieren sie nicht. „Wir versuchen den Samen Gottes weiterzugeben. Gott muß dann etwas daraus wachsen lassen und ernten."

Dabei stehen die Schwestern mit beiden Beinen fest im Leben der Menschen von Kreuzberg: „Chaoten-Maxe" will Wein trinken und unterstreicht seine Forderung: „Die Popen trinken doch auch Wein!" Schlagfertig kontert Schwester Lumina: „Du mußt nicht nur auf die Popen schauen, schau auf uns. Wir trinken Tee."

Doch die Schwestern verschwenden keine Energie darauf, stark zu scheinen, als Supertypen aufzutreten, die das Sagen haben, nach deren Pfeife zu tanzen ist. Im Gegenteil. „Wir kennen und akzeptieren unsere Grenzen. Nur so hat Gott die Möglichkeit, durch uns zu wirken."

Für Schwester Lumina jedenfalls reicht die Gewißheit, daß der durchdringende Westminsterschlag im Wohnzimmer der Frau Fröde für eine weitere Woche den Lebensrhythmus der 96jährigen bestimmt. Damit sie nicht wieder das Gefühl hat, das Leben sei gleich zu Ende. „Alles weitere wird Gott schon richten."

EHRUNGEN FÜR MUTTER TERESA

Die Zahl der Auszeichnungen, die Mutter Teresa erhalten hat, ist groß. Die wohl bedeutendsten öffentlichen Anerkennungen sind die folgenden:

1962

Padmaschree, Indien
Der erste in der langen Reihe ihrer Ehrungen und Preise wurde ihr vom Land ihrer Wahlheimat zuerkannt. „Padmaschree – Wunderbarer Lotus" ist ein Preis, den die indische Regierung jedes Jahr an einen ihrer Mitbürger für besondere Verdienste verleiht.

Magsaysay – Preis für internationale Verständigung
Diese Auszeichnung wird vom Staatspräsidenten der Philippinen für die „Verdiensteste Frau Asiens" verliehen.

1971

Friedenspreis Papst Johannes XXIII
Der Preis wurde durch Papst Paul VI. in Rom überreicht.

Preis des „Guten Samariters" Boston

Internationaler John-F.-Kennedy-Preis

Ehrendoktorwürde der Katholischen Universität Washington

1972

Jawaharlal-Nehru-Preis für internationale Verständigung

1973

Templeton-Preis
Auszeichnung für Förderung der Religion durch Prinz Philip von Edingburgh.

Goldmedaille der Stadt Mailand

1974

Mater-et-Magistra-Preis des Dritten Ordens des heiligen Franz von Assisi, Amerika

Ehrendoktorwürde der Franz-Xaver-Universität der kanadischen Jesuiten

1975

Ceres Medaille der FAO (Welternährungskommission)
Die Medaille zeigt das Bild von Mutter Teresa.

25jähriges Bestehen der Missionaries of Charity.
Mutter Teresa wird von 18 Religionsgemeinschaften, die in Kalkutta vertreten sind, darunter von den Jains und Parsin, gefeiert. Ein beispielloses Ereignis.

1976

Ehrendoktorwürde der Universität Delhi
Die Auszeichnung wurde auf Veranlassung von Indira Gandhi verliehen.

1977

Ehrendoktorwürde der Universität Cambridge

1979

Balzan-Friedenspreis
Dieser Preis wurde von der „Balzan-Stiftung" in Rom verliehen.

Friedensnobelpreis, Oslo

Ehrendoktor der Universität Philadelphia

1980

Bharat-Ratna-Preis – Delhi
Dieser Preis ist die höchste Auszeichnung der indischen Regierung.

1981

Ehrendoktorwürde der Medizinischen Fakultät der Katholischen Uni in Rom

1983

Order of Merit
Auszeichnung mit dem höchsten britischen Orden durch die englische Königin Elisabeth II. in Neu-Delhi.

1985

Freiheitsmedaille der USA
Der Präsident der USA zeichnet Mutter Teresa mit der höchsten zivilen Auszeichnung seines Landes aus.

1988

Ehrendoktorwürce für Literatur der North-Hill-University in Shillong, Nordostindien.

1989

Auszeichnung als„Frau des Jahres1989"

1993

Verleihung der Ehrenbürgerschaft der Stadt Dublin

Verleihung der Ehrendoktorwürde der Jagiellonen-Universität, Krakau

Rajiv-Gandhi-Preis der indischen Regierung.
Mutter Teresa ist die erste Trägerin dieser Auszeichnung.

NIEDERLASSUNGEN DER MISSIONARIES OF CHARITY

Süd-Asien
205 Niederlassungen

USA
34 Niederlassungen

Kanada
5 Niederlassungen

Südamerika
34 Niederlassungen

Mittelamerika
42 Niederlassungen

Mittlerer Osten
13 Niederlassungen

Südost-Asien
30 Niederlassungen

Australien /Ozeanien
15 Niederlassungen

Afrika
68 Niederlassungen

Europa
93 Niederlassungen

Gesamtzahl der Niederlassungen:
539 in 107 Ländern

Stand: 1995

Mittlerer Osten
Israel
Irak
Jemen
Jordanien
Libanon
Syrien
Süd-Asien
Indien
Pakistan
Bangladesh
Sri Lanka
Südost-Asien
Philippinen
Japan
Taiwan
Thailand
Kambodscha
Singapur
Hongkong
Macao
Korea
Vietnam
Ostafrika
Kenia
Tansania
Mosambik
Sudan
Malawi
Sambia
Ruanda
Burundi
Uganda
Seychellen
Ozeanien
Papua Neuguinea
Südost-Afrika
Madagaskar
Mauritius
Südafrika
Australien

INHALT

BILDNACHWEIS

Fotos: Karl-Heinz Melters

Fremdfotos: Seite 10-13 EMB-Service für Verleger, Luzern; Seite 14 PWG-Jost; Seite 68-69, 71, 95 Wolfgang Rollmann; Seite 128-129 foto present.

DIE AUTOREN

Karl-Heinz Melters, *Jahrgang 1934, Fotograf und Redakteur der Zeitschrift „missio aktuell". Auf mehr als 100 Reisen dokumentierte er Freude und Elend der Menschen. Weltweit erhielten seine Bilder zahlreiche Preise und Ehrungen.*

Toni Görtz, *Jahrgang 1956, seit 1991 Chefredakteur von „missio aktuell", der auflagenstarken Mitgliederzeitschrift des Internationalen Katholischen Missionswerkes missio. Als Journalist begleitet er die Arbeit der Teresa-Schwestern seit 1981.*

Toni Görtz und Karl-Heinz Melters im Bürgerkrieg in Liberia

Karl-Heinz Melters bei Mutter Teresa in Kalkutta

Dr. Ingelore Haepp, *Jahrgang 1951, seit 1992 Leiterin der Werbung und Pressearbeit von missio-Aachen. Aus Afrika und Asien berichtet sie für kirchliche Medien und Tagespresse wie die „Süddeutsche Zeitung" in einfühlsamen Reportagen.*

Dr. Ingelore Haepp in Angola

Die Deutsche Bibliothek – CIP-Einheitsaufnahme

Danke, Mutter Teresa / Karl-Heinz Melters ; Toni Goertz ;
Ingelore Haepp. – Augsburg : Pattloch, 1995
ISBN 3-629-00095-9
NE: Melters, Karl-Heinz; Goertz, Toni; Haepp, Ingelore

Gedruckt auf chlorfrei gebleichtem Papier

Pattloch Verlag, Augsburg

Satz, Layout und Titelgestaltung: Atelier Wolfgang Rollmann, München
Reproduktion: Repro Ludwig, A-Zell am See
Druck und Bindung: Interdruck Leipzig
Printed in Germany

ISBN 3-629-00095-9